ツーリズムと文化体験

＜場＞の価値とそのマネジメントをめぐって

安福 恵美子 著

流通経済大学出版会

目　次

序　章 …………………………………………………………… 1

第 1 章　ツーリズムの生産と消費 ……………………… 9
　1　ツーリズム・プロダクトとプロセス………………… 9
　2　アトラクションの類型化と境界設定………………… 16
　3　エンターテイメント空間のマネジメント…………… 23

第 2 章　アトラクションと文化体験の構造 …………… 33
　1　ツーリズムの演出性…………………………………… 33
　　(1)　システムとしてのアトラクション……………… 33
　　(2)　文化表象としてのアトラクション……………… 41
　2　「聖化」される空間とその維持 ……………………… 48

第 3 章　アトラクションとオーセンティシティ ……… 57
　1　オーセンティシティはどのように決められるのか… 57
　2　ヘリテージの「聖化」………………………………… 63
　　(1)　地域や国のシンボルとしての「世界遺産」…… 63
　　(2)　マークされるヘリテージ………………………… 71
　　　事例：ユネスコによってマークされた「ベトナム・
　　　　　　フエの文化遺産」
　3　オーセンティシティの定義と再定義………………… 77
　　(1)　ツアー空間の「聖化」とガイドの役割………… 77

(2) オーセンティシティの呈示設定……………………………… 81

第4章　＜環境アトラクション＞のマネジメント ……… 89
　1　＜オルタナティブ＞というプロダクトの創出とその持続性 … 89
　2　自然とヘリテージの呈示………………………………………… 98
　　(1) フレイム化される自然………………………………………… 98
　　(2) エコツーリズムとは何か…………………………………… 100
　　(3) 地域とヘリテージ・マネジメント………………………… 107
　3　ツーリズムにおけるインタープリテーションの役割…… 110
　　(1) インタープリテーションの理念と実践…………………… 110
　　　1) ＜環境アトラクション＞の解釈装置……………………… 110
　　　2) インタープリテーションのダイナミックな特性…… 113
　　　3) サービスとしてのインタープリテーション…………… 116
　　(2) 事例：屋久島における自然の呈示 ………………………… 120
　　　1) 屋久島の自然環境イメージと縄文杉……………………… 120
　　　2) 来訪者が接する自然とエコツアー………………………… 125
　　(3) 資源の持続性とツーリストの役割………………………… 128

第5章　観光サービス／ホスピタリティ空間のマネジメント
　　　　　　―ジェンダーという視点から― ………………………… 137
　1　観光サービス／ホスピタリティ提供のメカニズム……… 137
　2　観光サービス労働とジェンダー……………………………… 143
　3　「地域」という空間のマネジメントとジェンダー ……… 147

終　章　コミュニケーション・システムとしてのアトラクション… 159

参考・引用文献………………………………………… 171

資　料…………………………………………………… 191

序　章

　観光産業(1)は，人々をどこかへ向かわせるため，さまざまな表現によってツアー目的地をアピールする。そのなかで，「体験」や「経験」はツアー紹介用コピーのキーワードである。

　　「北京・フフホト・四子王旗7泊8日の旅〜万里の長城を越え，内モンゴル大草原で羊飼いになる〜」。

　さまざまなツアーが企画されるなかで，「エコ」という文字がツアー名につく「エコツアー」は，近年，環境に対する人々の関心を背景として注目されるツアーであるが，その特徴のひとつとしてツアー参加者の「体験」や「経験」が強調されることが多い。

　　「知識があり，熱心なナチュラリストによってガイドされるツアーは，忘れられない経験をツーリストに提供します。そのため，ツーリストがこのツアーを一生の思い出として捉えるならば，その代金は高いとは思わないでしょう」(2)。

　さらに，アメリカの国立公園のWebサイトには，つぎのような表現が見られる。

「ビジターが国立公園から持ち帰るのは経験である」[3]。

「経験」という表現は，ツーリズムという活動について語る研究者によってもしばしば使用される。

「ヘリテージ・アトラクションへのチケットを売るということは，経験を売ることである」(Uzzell 1998: 250)。

「ツーリズムは経験を売る。そのため，ツーリストがお金を払って手に入れるものが経験だとするならば，それは評価のための基準となる経験の強さであり，経験のためではない」(Ryan 1997: 23)。

見知らぬ者同士の接触機会が増加することによってツーリズムという活動は活発化するが，それは，たとえばブルデューが「社会的空間の中で極めて遠い人びとが，物理的空間の中で少なくとも短期間，断続的に出会い，相互作用の関係に入る」(ブルデュー 1991: 200)と表現したような状況がつくりだされることである。ツーリズムは，ツーリストが自宅を出て何かと関わることによって成り立つ。そのため，ツーリズムという活動を成立させるためには，ツーリストとそのレジャー経験を提供する側，という二つの大きな要素が必要となる。レジャー活動は基本的には個人的なものである。しかしながら，個人が相当数の単位として数えられるとき，それは異なる側面をもつ。ツーリズムは，移動する人（ツーリスト）とその移動に付随して生じる，ツーリスト以外の人々のさまざまな活動の集合的表象である。

ここで必要となるのは，ツーリズムという活動を規定するための空間である。ツーリストが移動する空間という点からツーリズムをみた場合，その活動のための空間は，つぎのように三つに分類される[4]。

1．ツーリストが移動するための起点およびその終点となる空間。

2．ツーリストの目的地（ホストが対応する場所）で，ツーリストが一時的に滞在する空間。
3．これらの二つの空間を連結させる空間。

　ツーリストは，起点および終点の空間を除いた空間において，観光対象，さらにはサービスや施設と関わりをもつことから，このような空間では生産者と消費者という社会関係が存在する。そして，ツーリズムという活動が成立する空間には，日常空間から離れたツーリストに対応する仕組みが存在する。一時的な接触をその特徴とするツーリズムにおける社会関係は，連続性によって成り立つそれとは異なる様相をもつことから，見知らぬ者同士の関係を安定化させることによって，関係性の秩序を維持するためのメカニズムが必要となる。
　そのメカニズムにアプローチするためのひとつの鍵がアトラクションである。「かつての城壁も今では一大観光地」という観光地紹介のコピーがある。これは，城壁という資源がツーリズムというコンテクストにおいて，観光対象（アトラクション）となったことを示すものである。アトラクションは，日本語では「観光対象」あるいは「観光資源」と呼ばれる。一般的に，観光対象は，人を魅了して引き付ける（アトラクトする）ものであることから，アトラクション（attraction）と呼ばれる。歴史的建造物や遺跡，また自然や自然の一部としての植物や動物など，さまざまな対象がアトラクションとなる。何がアトラクションとなるかは人によって異なるが，「すばらしい自然がある」，「珍しい動物がいる」，「異なる文化と出会いたい」，「世界遺産をみたい」，「おもしろいテーマパークがある」など，さまざまな理由によって人はその観光対象が存在する場所へ出かける。そのため，観光対象（アトラクション）は，人々がレジャーを目的として，自宅から移動するという行動を生じさせる，つまり，ツーリズムを促進させるための重要な資源である。しかしながら，資源はただ存在しているだけでは観光対象とはならない。資源が観光対象となるには，それらは見つけられ，管理され，そしてツーリストに提供される必要がある。
　アトラクションは観光産業において重要な役割を持つが，アトラクションの

重要性は観光産業との関わりにおいてだけではない。ツーリズムという活動を促進するための重要な役割を持つアトラクションの多く（たとえばレクリエーション用の土地）は，その所有・管理が行政によって行われるなど，アトラクションの形成には，ツーリズムを促進するさまざまな機関が関与している。さらに，近年においては，非営利団体などによるアトラクションの所有・管理も見られる。ツーリズムに関わる計画，振興そしてマーケティングに関する活動は，政府または地方自治体などの公的機関によって行われることが多い。さらに，近年では，「地域」という単位がツーリズムとの関わりにおいて注目されている。このように，ツーリズムは，産業的な要素ばかりでなく，非産業的要素をも併せ持ち，両者の協働が重視される傾向にある。それは，ツーリズムが「資源産業」[5]，さらには「社会制度」[6]などと捉えられるその多様な特性に見られる。

　イギリスの社会学者であるギデンズは，さまざまな実践が演じられる舞台を「場」と呼ぶことによってそれを相互行為（インタラクション）が行われる空間として捉えた[7]。ツーリズムという実践が演じられる空間をギデンズのいう「場」として捉えた場合，そこで行われる相互作用はアトラクションという資源との対応関係においてその枠組みを規定することができる。ツーリズムは，人々が社会関係をどのように経験するか，そして社会的および物理的環境がどのように定義されるかを示すためのひとつの切り口であり，近代という時代を捉えるためのひとつの枠組みを提供する。ギデンズは，「社会的営みが，その営み自体に関して新たに得た情報によって，つねに吟味され，改善され，常にその営み自体の特性を本質的に変えていくという性質を持っている」（Giddens 1990: 38＝1993: 55-56）と述べ，「再帰性」という概念によって近代とはいかなる時代であるかを説明しようとした。楽しみのための移動が一部の限られた人々に許されていた時代とは異なり，近代社会においては，多くの人々がレジャーを目的として移動し，自らが「選択」したツーリズム形態を通して，非日常世界を体験する。そのプロセスにおいて，ツーリストはギデンズが「再帰性」として示したように，文化の生産や消費，さらには解釈に関わ

る。

　ツーリズムはつぎのように表現される。「ツーリズムの最も重要な特徴のひとつとして挙げられるのは，ツーリズムはある意味においてファッション産業だということである。需要と供給というこの複雑な関係は，人々の理解，認識，期待，態度，そして価値に基づいている。したがって，ツーリズムに関わるということは，変容する強力な文化というフィルターの影響を受けやすい」(Prosser 1994: 22)。「ツーリズムという活動は，輸送や宿泊や旅行者のエンターテイメントという分野を越えるものである。観光産業は，夢や消費主義と結びついた文化を売るビジネスであり，その特性はツーリズム関連のパッケージ商品という形にあらわれるが，そのようなパッケージ商品は消費者に経験，記号，シンボルを提供し，新奇性への探求をますます促進する」(Britton 1991)。インターネットの発達により観光情報の入手が簡単になった近年，このようなツーリズムの特性はさらに促進されるが，ツーリズムはその成立プロセスが文化と密接に関わる。そのため，ツーリズムという実践の＜場＞について考えることは，文化について考えることである。

　近年，社会の近代化の理論における文化への言及として文化生産というテーマの重要性が注目される。「ツーリズムは経済やその変化における戦略的に重要なセクターとなりつつあるばかりでなく，近代における文化変容のための重要な力となりつつある」(Roche 1996: 341)と指摘されるように，レジャー活動としてのツーリズムは，近代における文化を示す社会現象である[8]。それは，「近代化を経済的であると同様に文化的である」(Oakes 1993: 47)とみることにより，文化という面から近代を捉える試みと呼応する。レジャー活動は，その集合的な活動の表象が文化的な意味を持つ。文化が生産されるレジャー空間は，ルフェーヴルが「社会的生産物としての空間の概念」(ルフェーヴル 2000: 7-8)として示す空間でもある。彼は，空間を「生産物として，相互作用や反作用を通して，生産それ自身に介入」し，「実践の諸側面と結びついて，それらを調整する。つまり，まさしく「実践」を通して実践の諸側面を結び合わせる」ものとして捉えている[9]。このような視点からレジャー空

間を捉えた場合，ツーリズムは文化の実践のための空間である。

　本書では，近年における多様なツーリズム活動をレジャー空間の生産と消費という視点から探る。そのため，文化や自然をアトラクションとするツーリズム形態に焦点を当てることによって，新たなツーリズム形態が成立するさまざまな局面をマス・ツーリズムとの対比において捉える。そして，ツーリストの「経験」が創られるための重要な資源であるアトラクションが生産・再生産されるプロセスに対する考察を行い，さまざまなアトラクションがシステムとしてどのように維持されるのかについて考える。さらに，アトラクションの類型によって異なる空間の境界や文化的コードに対する検討を行い，コミュニケーション・システムとしてのアトラクションをツーリズムにおける重要な文化体験として位置づける。

<注>
(1) ツーリズムに関わる産業という意味で使用しているため，ツーリズム産業と表現したいが，一般的に観光産業と呼ばれているため，本書においても「観光産業」という用語を使用する。英語においても，ツーリズムに関わる産業を示す用語としては，tourism industry, tourist industry, travel industry, hospitality industry, visitor industry など多様である。
(2) インタープリテーションに関する解説書『環境の解説（Environmental Interpretation）』(Ham 1992)における事例研究の記述に見られる表現 p.186 より。
(3) The Division of Interpretive Planning, Herpers Ferry Center 1998 Planning for Interpretation and Visitor Experience. p.2 (http://www.nps.gov/hfc/pdf/ip-ve.pdf 2000, 4, 20)。
(4) レイパー（Leiper 1979）の分類による。
(5) たとえば，Murphy 1985 を参照。
(6) たとえば，Smith, V. L. and Eadington 1992 を参照。
(7) ギデンズは「場」という概念についてつぎのように述べている（ギデンズ 1989: 227-228）。「ほとんどすべての集合体は活動の場（locale）をもっており，ほかの集合体と結合する場面とは空間的に異なる。「場」は，社会地理学でいう「場所 place」という言葉よりも，2，3の点ですぐれた言葉である。というのは，「場」は，相互行為が行われる舞台装置としての空間という意味内容をもつからである。舞台装置は，空間的要因ではなくて，相互行為が「生起する」場の物理的環境である。つまり，相互行為の部分として動員される要素なのだ。相互行為の舞台装

置のさまざまな特色は，空間的物理的側面を含んでおり，社会的行為者がコミュニケーションを維持しようとして日常的に用いるものである」．
(8) ツーリズム研究が社会学の分野に登場したのは70年代になってからである．
(9) ルフェーヴルはつぎのように述べる（ルフェーヴル 2000: 7）．「この概念は，事物や物のようななんらかの「生産物」を示すのではなく，諸関係の総体を示した．したがってこの概念は，生産や生産物の概念を，あるいはこの両者の関係の概念を深化するように求めた」．

第1章
ツーリズムの生産と消費

1　ツーリズム・プロダクトとプロセス

　ツーリズムは，ツーリストとホストが出会うことによって互いが異なる文化を認識する機会として，国際機関によって国際平和や国際理解，あるいは文化交流促進のために推奨されるとともに[1]，巨大な地球的規模の産業としての経済的効果が強調されてきた。しかしながら，旅行目的地である地域や住民に対して与えてきたインパクトという点において，この産業に対しては批判的な声が多く聞かれ，ホスト社会に与えるその負の社会的・文化的インパクトが指摘されてきた[2]。

　シーアボルドは，彼の編著書『グローバル・ツーリズム *Global Tourism*』のなかの一人の執筆者であるデイヴィッドソンが，ツーリズムは社会現象であって生産活動ではないこと，そしてツーリズムは経験，つまりプロセスであってプロダクトではないことから，ツーリズムは産業ではない（Davidson 1994），と捉えていることに対して，ツーリズムを社会現象および経験（つまりプロセス）として捉えるべきであるという考え方には同意するものの，ツーリズムは産業として分類され，そのデータが示されている，と述べ

(Theobald 1994: 2)[3][4][5][6]。しかしながら，彼は，ツーリズムに関わる商業活動がさまざまな分野に及んでいることによって，産業としてのツーリズム全体の経済的インパクトに対する正確な統計データがないことや，旅行者（ツーリスト）の定義として，自宅から離れる時間や距離がどのくらいであるのかなどについては，機関や研究者によって異なることなどを挙げ，観光産業の複雑性のゆえに，「ツーリスト」[7][8][9]，さらには「ツーリズム」[10][11]を定義することの難しさを指摘する。

　では，ツーリズムを産業として捉えた場合，一体，ツーリズムは何を生産する産業なのであろうか。ツーリズムが産業であるならばそのプロダクトが存在するはずである。ツーリズムは，商品が消費者（ツーリスト）のもとに届けられるのではなく，消費者が自宅を離れて商品の存在する場所へ向かうことをその特徴とする。ツーリズムというレジャー活動は，さまざまな分野に関わる重層的な構造をもつ。そのため，他の産業と比較してそのプロダクトの特性を明確にできないことが，ツーリズムに対する捉え方を複雑にする要因となっている。

　ツーリストに対応するサービスがビジネスと関連するのが観光産業である。観光産業によって使用される「プロダクト」[12]という表現は，たとえば航空機の座席，ホテルの部屋，ツアーのための予約などを指す。つまり，個々の会社はサービスを売っているのであり，ツアー・オペレーターは移動や宿泊などをサポートすることによってサービスをコーディネイトしている。さらに，それぞれの会社は，ツーリスト・プロダクトを単一のパッケージとして売ることによってエージェント間をつなげる役割を担う。そのようなコーディネイトされた活動の総体として「パッケージ商品」が存在する。サービスの結果生じるプロダクトは，消費者（ツーリスト）による期待を反映したものであるが，観光産業はそのためのサービス提供という部分に関与し，そのサービスは個々に独立したものでない。消費者としてのツーリストが購入するプロダクトはその消費者が家を出発して帰宅するまでのすべての経験を指す。そのため，プロダクトは単一ではなく，さまざまな要素の混合物である。ツーリズム以外の他の産業におけるプロダクトの生産は消費者とは離れて行われる。しかしながら，

第1章　ツーリズムの生産と消費　11

写真1－1　由布岳をバックに整列するツアーバスとツアーガイドの説明を聞くツアー参加者（大分県・湯布院）

　ツーリズム・プロダクトは，消費者が生産地点に到着して，最後のプロセスに関わらないかぎり存在しない。つまり，さまざまな要素がプロダクトとしてどのように加工されるか，そのプロセスにこそツーリズムが他の産業と区別される特性が存在する。

　レジャーやエンターテイメントに付随するサービスを期待する消費者（ツーリスト）は，サービスが提供される場所へ移動し，プロダクトを家へ持ち帰る代わりにそこでサービス提供者と接触するが，その際，ツーリストに対するサービスは対面的である場合が多い。人々のレジャー経験は，サービス提供者から受けるサービスによって大きく異なる。サービスは，蓄えておくことも，また別の機会に提供することもできない。ツーリズムはサービスが中心となることから，プロダクトが中心となる他の産業とはその特性が異なる。一般的に，プロダクトは生産者が消費者の使用環境に対して影響を与えることはないが，レジャー・サービスという環境において，サービス提供者はサービスを受

ける側の楽しみや，アトラクション（観光対象）をどのように認知するかという面に直接的に影響を与える。サービスを提供する側と受ける側との間における「出会い」を成立させるためには，両者の間には意図されたインタラクション（相互作用）が必要とされる。サービスを通じた「出会い」（関わり）のための空間は，そこにはだれが入ることができるのか，そして，どのような活動が生じるかが予め予測される場合が多い。

　近年，サービスに関わる「経験」という概念が注目され，消費者を取り込むための「場づくり」の必要性が叫ばれている[13]。経験は社会的に創造されるものであり，それが創造されるコンテクストが重要であると考えるガプタとヴァイックは，マーケティングにおける経験の重要性をつぎのように説明する（Gupta and Vajic 2000）。経験はサービス提供者によって創られたコンテクストというそれぞれ異なる要素に対して，顧客が相互作用を行うときの学習を含む。つまり，サービス提供者と顧客は両者間の相互作用において，特別なコンテクストにのみ存在する経験を共同で創り出すことから，成功例をコピーすることはできない。経験をプロダクトやサービスと区別するのは，顧客の参加である。経験は，その提供者によってデザインされたコンテクストと，参加者によって行なわれる意識的な活動における弁償法的関係性において創造される。そのため，社会的インタラクションを通じて自らユニークな独自の経験を創り出すような環境をサービス提供者がデザインすることが重要である。

　同様に，経験をステージングすることの重要性は，「経験経済」という考え方にも見られる。経験を個人的・個別的な価値であり経済的価値を持つものとして捉えるパインとギルモアは，その著書『経験経済エクスピリエンス・エコノミー *Experience Economy*』（Pine II & Gilmore 1999＝2000）において，経済的価値を持つ経験をステージングすることによって顧客・消費者との価値観の共有による深い関係構築の必要性を示す。そして，彼らは，「経験経済」に至ることは顧客を面白がらせることではなく，顧客を積極的に関わらせることであるため，「経験」と「娯楽」は別物であり，経験をテーマ化するということは，顧客が参加できるストーリーを作り出すことである，と考える。

感動がない商品やサービスは「コモディティ化」を生じさせる，と指摘する彼らは，四つの経験領域に関する要素をなんでもない空間に取り込むことで経験経済のための「場」を設定するための要素を示す[14]。そして，経験を演出するだけでは，その経験はやがてはコモディティ化することによって「経験のコモディティ化」が起こり，絶え間ない価格競争を強いられていくが，変身（transformation）のためのガイド役との固有の関係性は決してコモディティ化しない。そのため，商品やサービスをより豊かな高度なものへと変身させるために有効な「場」とは，「ありきたりの空間（plain space）」が，経験経済をステージングするための「特別な場（distinctive place）」に変容することである，と考える。

　ディズニーというエンターテイメントを経験のひとつと考えるパインとギルモアは，近年，さまざまな娯楽が多くの経験を含むものへと大きく変貌を遂げていること指摘する[15][16][17]。彼らは，経験は消費者がサービス提供者によって創造される異なる要素のコンテクストにインタラクトする間の学習を含む，と考える。これは，知識やスキルの習得という教育経験によって消費者の積極的な参加を促進することができるという考え方であり，知識という無形のものを企業が経済的価値として取り上げることによって，エンターテイメント（あるいはエジュテイメント）という経験を消費者が自らつくりだすことを意味する。消費者が変身するためにはガイドすることが重要であると述べる彼らは，消費者の変身はそれが提供される，あるいは演出されるものではなく，あくまでもガイドされることであることを強調する。それは，エンターテイメント空間が経験を創出するための「場」へと変わるためのプロセスの重要性を示すものである。

　このように，経験を創出するためのサービス・デザインが大切な戦略として語られるなかで強調されるのは，経験の創出は消費者（客）をただ楽しませることだけではなく，消費者の積極的な参加と社会的相互作用によってもたらされる，つまり弁証法的に形成される，ということである。それは，このようなインタラクションのプロセスにおいて，活動とコンテクストは互いに補強し合

うことから，消費者とサービス提供者は共にユニークで，コンテクストによって異なる経験を作り出す，という考え方である。このような場で語られる「経験」は，日常的な活動への参加によって体得する感情や知識の習得を指す広い用語として，消費者が一連の活動に参加することによって生じる結果を指している。このように，マーケティングの分野において示された経験という概念は，いかに消費者を魅了し，消費者との関係を築き上げ，かつ保つかという点において消費者の参加を強調したものである[18]。そこには，消費者がサービスを受ける際にサービス提供者と持つコンタクトの度合いという状況的なコンセプトと，消費者がその際に果たす積極的な役割，という行動を強調した異なるコンセプトが示されている。

　人々がエンターテイメント，夢，ファンタジーに対してどのように関わりをもつか，その生産と消費を示すレジャー空間は，サービスという要素によって他の空間との境界が明確に区分され，楽しみのマネジメントが行われる空間である。しかしながら，レジャー空間におけるサービスは，企業側によって提供

写真1-2　テーマパークにおけるインタラクション（三重県・志摩スペイン村）

されるものばかりではない。レジャー活動のひとつであるツーリズムはさまざまな要素によって成立することから，金銭的関係を伴う「サービス」という言葉だけでは表現できない状況をも含む。したがって，ツーリズムは自宅を離れたツーリストがどのように対応されるか，その対応によってプロダクトが異なる，つまり，プロダクトを創出するための設定空間が大きく異なる活動である。

　「ツーリズム・プロダクトはツーリストの経験を示す商品パッケージであることから，ツーリズム・プロダクトとは人間の経験である」として，経験の構成要素がツーリズム・プロダクトに含まれると考えるスミスは，つぎのように述べる（Smith, S. 1994）。ツーリズム・プロダクトの構造は複雑化しているが，それはその生産過程の複雑性にある。ツーリズムに関わる商品の生産は，資源に対するプランニングやマネジメントのプロセスにおいて，サービス，ホスピタリティ，選択の自由，そして最後には消費者による個人的な関与がプロダクトに付け加えられる。そのため，ツーリズム・プロダクトとプロセスを切り離して考えることはできない。ツーリズム・プロダクトの生産過程にはつぎのような二つの明確な特徴が見られる。まず，ひとつは生産過程のそれぞれのステージにおいて価値が付加されること，二つ目は，消費者は生産過程における一部であるということである。さらに，彼は，ホスピタリティが，ツーリズム・プロダクトの二つの構成要素（消費者による選択の自由と消費者の関わり）をステージングする役割についてつぎのように説明する。この二つの要素は，ツーリスト自身をプロダクトの一部とするという考えかたに基づくが，それはツーリズムとは経験そのものであるからである。このように考えるスミスは，ツーリストをプロダクトの一部，つまりその構成要素として捉える。これは，ビジネスの機会を創るツーリストの存在およびその関わりをプロダクトの変化を促進する重要な構成要素として位置づけていることを示している。

　同様に，ツーリスト・プロダクト[19]を「ツーリストが自宅を離れて戻るまでの間におけるツーリストの経験の総体を指す」(Middleton 1989: 77-85)[20]と考えるミドルトンは，それをツーリストが自宅を離れるときから戻るまでの間

に消費するサービスの要素すべての組み合わせによって成り立つと捉え，つぎのように説明する。「このレベルのプロダクトは，プロダクトが売られるその時点において，消費者が描く理想や期待などを示す心理的な構成概念であり，旅行目的地における活動に関わる有形・無形の構成要素である。したがって，ツーリストは対価を支払うことによってそれを経験として認識できるため，ツーリスト・プロダクトは経験の総体として定義される。つまり，ツーリズム・プロダクトは人間の経験の複合体であり，その変化（進化）は情報サービス，交通，宿泊，そしてアトラクションを含む統合的なプロセスである」。

ツーリスト（消費者）の経験はツーリズム・プロダクトとして生産されるが，そのプロセスとして重要な位置を占めるのがツーリストを引き付ける観光対象（アトラクション）である。ツーリズムという活動は，人々が自宅を離れ，どこかへ移動しなければ成立しない。人々の移動のための動機となるのがアトラクション（観光対象）[21]である。それは，移動という活動（旅行）を伴わないで得ることができる経験（たとえば「情報誌によって経験される＜都市＞」[22]という表現に見られるような「経験」）を，実際に移動するという活動（旅行）によって得ることができる「経験」（ツーリストとなることによってのみ得ることができる経験）と明確に区別するものである。

では，アトラクション（観光対象）がツーリストの経験を創り出すうえでどのような役割を果たし，それに対してどのようなマネジメントが行われているのであろうか。

次章では，ツーリズムにおけるアトラクション（観光対象）に注目し，その類型化と境界設定についてみてゆく。

2　アトラクションの類型化と境界設定

アトラクションは人を集めることによってツーリズムという活動を成立させる。そのため，ツーリズムというさまざまな活動が行われる境界は，アトラクションを中心とした異なる空間によって定めることができる。アトラクション

写真1−3　船というサービス空間（ディナークルーズのために乗船する人々）（神戸・ハーバーランド）

は，ツーリストをそれが存在する場所へ向かわせるという行為を生じさせる資源であるとともに，見知らぬ者同士の対面的接触のための物理的空間の境界を規定する。アトラクションをマネジメントという視点から捉えた場合，その類型化はアトラクションとツーリズムのインパクトとの関わりに焦点を当てることによって考察することができる。

　すべてのビジター・アトラクション[23]を示す明確な定義はないとしたうえで，スウァブルックは，アトラクションをつぎのように定義する（Swarbrooke 1995: 4）。「アトラクションは，各々がひとつの単位として存在するが，それぞれの場所あるいはその範囲が明確に限定されることによって，アクセス可能なエリアとして，離れた場所に住む多くの人々をそこへ向かわせる。そのため，人々はある限られた期間や時間内においてレジャーを目的としてそこを訪れる」。この定義には，たとえば気候などマネジメントが不可能なものは含まれていない。それは，この分類において，アトラクションは範囲が定められ，マネジメントが可能であるものと捉えられているからである。

スウァブルックは，この定義に従ってアトラクションをつぎのように分類した。

1．自然環境。
2．ビジター用ではない人工的建造物や場所（なかには，現在レジャー用となっているところもある）。
3．ビジター用人工的建造物や場所（テーマパークなど）。
4．イベント。

スウァブルックは，このような分類はアトラクションという複雑な対象を理解するのに役立ちはするが，それぞれの境界は必ずしも明確ではなく，重なる場合もあると述べ，四つに分類されたアトラクションをさらに大きく二つのカテゴリーに分類してつぎのように説明する。まず，ひとつ目として，四番目に挙げられているイベントは，1，2，3の三つと比較すると，事前に知らされる期間限定としてのアトラクションであること，そして，二つ目は，1と2はツーリズムが脅威となる場合が多いのに対して，3と4のアトラクションは利益と機会という点に対してツーリズムが関わることである。そのため，1と2のアトラクションについては，ビジターによって引き起こされる問題に対処するためにビジター・マネジメント，なかでも環境問題が大きな関心事となる。

彼はアトラクションと目的地との区別について，つぎのように述べる。一般的にアトラクションは，地理的に比較的狭い範囲に限定される単位であるのに対して，目的地は個々のアトラクションを含む，より大きな地域を指し，そこにはツーリストのためのサービスも含まれる。そのため，これら二つは大きく関連しており，アトラクションが海岸であれ，寺院であれ，テーマパークであれ，メインとなるアトラクションの存在が目的地の開発を促す。アトラクションは，サポート・サービス，ホテル，レストラン，交通システムなどといったツーリズム関連施設と明確に区別できない。その理由としては，多くのアトラクションは収益を上げるために飲食や宿泊といったサービスを充実させてい

ること，さらに，ツーリスト用のサポート・サービスや観光施設のなかにはそれ自体がアトラクションになるものがあるからである。たとえば，クラブメゾはその例としてあげられるが，このような施設では，アトラクションとサポート・サービスとを明確に区別することはできない。アトラクションのなかでも，自然およびツーリスト用としてつくられたのではない人工物は明らかにアトラクションの一番古いタイプである。これらはさまざまな要因によって除々にアトラクションになったものであるが，その要因として社会の変化や技術革新などが挙げられる。反対に，ツーリスト用アトラクションは近代になってつくられたものが多く，それがつくられた当初からアトラクションとなっていたものである。イベントやフェスティバルは，ツーリストにも受け入れられる伝統的なものかどうかによって，どちらのタイプにもなる。

　アトラクションの類型化はその変数によって異なると考えるスウァブルックは，その変数として所有者，規模，ロケーション，ビジター数などを挙げ，このなかで注目されるのが所有権（公・私あるいは民間団体か）であると考える(p.13)。ツーリズムにおけるビジター・アトラクションの役割について，彼はつぎの三点を挙げている。

1. アトラクションの歴史的発展とツーリズムの発展との関係。
2. アトラクションと目的地，交通，ツアー運営など，ツーリズムと他のセクターとの関係。
3. アトラクションの経済的・社会的・環境的インパクトと，都市活性化・経済的発展・地域政策・国家の経済的発展におけるアトラクションの利用。

　彼は，三番目に挙げられているアトラクションが与える経済・社会・文化的，および環境的インパクトについてつぎのように述べる。これらは互いに関連しあうが，社会・文化的インパクトはアトラクションのタイプによって異なる。そして，ツーリズム用ではない人工的なものや自然，さらに伝統的イベントなどのアトラクションはそのインパクトがネガティブな場合が多い。そのた

め，ビジターがアトラクションに対して，またそのもとの利用者に対してどのようなインパクトを与えているかがアトラクションのマネジメントを考えるうえで重要である。

スウァブルックによるこのような類型化の他に，アトラクションはツーリストの観光動機によってつぎのように分類される（Middleton 1989: 79）。

1.「自然アトラクション」（景観，海岸線，砂浜，気候など）。
2.「人工的アトラクション」（パリ，ロンドン，ローマなどの歴史的都市景観，フロリダのように新たなリゾート地として建設された都市景観，産業遺産，テーマパークなど）。
3.「文化アトラクション」（劇場，博物館，フェスティバルなどのような歴史的・民俗的行事）。
4.「社会アトラクション」（観光目的地となる地域住民との「出会い」の機会やその暮らしぶりの体験）。

さらに，アトラクションをツーリズムの生産システムとして捉える立場から，アトラクションはつぎのように分類されている（Britton 1991: 464）。

1. すでに存在している文化的アトラクションや「珍しいもの」をツーリスト用商品として選別して利用すること（たとえば，歴史的景観，少数民族が住む地域，スポーツなどを含む文化的スペクタクルを観るツアーなど）。
2. 自らをアトラクションとして形成することができるレクリエーション中心のリゾート（たとえば，滞在中の費用すべてが事前に支払われている形態），テーマパーク，客船によるクルーズなど。
3. ツーリズムが他の商業的活動と連携することによって市場利益を獲得するもの（見本市，ショッピングセンター，都市部の活性化など）。

ここで，この類型化の三番目に挙げられている都市におけるアトラクション

の空間設定について考えてみたい。都市空間はアーバン・ツーリズムと表現されるようなツーリズムが成立するサイトであるが，アトラクションの空間を定めることが難しい。それは，都市構造の複雑性から，他のツーリズム形態において見られるような，いわゆる「ホスト（住民）とゲスト（ツーリスト）」，「見知らぬ者と知り合いの者」，「サービスを提供する側とサービスを提供される側」という二項的なカテゴリーが明確ではないからである。変化が激しい都市においては，そこを居住空間とする人々でさえ互いに「見知らぬ者」であったりすることに見られるように，時間という要因が同じ空間における活動の主体や，日常・非日常，労働と余暇の相違を転換させる場合が多い。そのため，さまざまな活動が混在する都市がツーリスト・サイトとなるためには，ツーリストの日常世界とは異なる設定がどのように行われるかが重要となる。

　ツーリズムを構成する基本的な要素であるツアーは，その代表的な設定のひとつである。このような設定では，サービスが提供される空間は固定された空間だけを意味するのではない。パッケージ・ツアーでは，ツアー参加者に対してサービスの質が保障される空間が設定されることが多いが，この場合，サービス提供者はツアー参加者のホリデー経験に対するマネジメントができないような状況に遭遇しなくても済むようにできるだけ多くの仲介を行う。このような状況は，レジャー空間のコントロールである。しかしながら，それは人々の行動を制限すると同時に，ツアー・オペレーターによるマネジメントができないような空間をできるだけ少なくすること，つまりツアー参加者がツアー・オペレーターの予期しないような経験（悪いサービスを受けるなど）をする機会をできるだけ避けることでもある。

　ツアーという設定が機能するための重要な要素がガイドである。ツーリズム以外の活動が行われている状況において，ツアーガイドはツアーが「適切な」訪問場所を「適切な」時間に行われるようにする必要がある。ガイド付ツアーが必要とされる場所をアトラクションによって類型化したシュミットは，ガイド付ツアーが機能するのは構造的に高度に分化され，ツーリズム以外の活動も行われているような状況である，と述べる（Schmidt 1979: 449）。高度に構造

化された場所におけるガイド付ツアーがツーリストにとって機能的となる理由について，彼は，たとえばツーリズム以外の活動が行われていないようなビーチなどの場所においては，ガイドがなくてもツーリストは楽しめるが，都市はツーリストにとって複雑であるためガイドが必要となる，と説明する。

このように，ツーリストはある空間から他の空間へ移動することによって異なるアトラクションに接するが，その関わりかたは，ツーリストがどのようなアトラクションを求めるかによって大きく異なる。空間がアトラクションとして機能するためには，規則が必要となる。アトラクションという資源は，それに付随する活動と場所のコードを規定する。そのため，ツーリストはそれぞれ異なる規則が存在する空間を移動することになるが，そのような規則は，ツーリストがその移動においてどのような仲介を受け，かつ対応されるのかによって異なる。たとえば，ツアーという形態においては，ガイドが空間の秩序をコントロールする役割を担うことによってツアーを機能させることができる。

アトラクションを中心とした空間の秩序は，さまざまな場面設定によって異なるが，そこには異なるインタラクションのためのコードが存在する。「エンターテイメントという「環境」は，ポピュラー文化のシンボルを基として創造され，その持続性には楽しみの組織化という問題が関わることから，ツーリズムはマスとしてのエンターテイメントを管理するためのコードの表出が顕著な活動である」(Chaney 1993: 4)。アトラクションによってその境界が定められる空間は，その空間内を維持するためにどのような対応が行われるかによって物理的空間の境界を規定する。たとえば，ディズニーのテーマパークでは，入園者が落としたゴミは従業員によってすぐに処理されるが，「エコツアー」と呼ばれるツアーにおいて，ツアー参加者はゴミを持ち帰るように言われる。

「旅行はアドバイスを多く必要とされる商品」(Hjalager 1994: 202) であることから，旅行という活動が成立するためには「仲介」というプロセスが重要な役割を果たす。場所や人々がパッケージ化されることによって市場に出されるそのプロセスはアトラクションの種類によって異なるが，サービスがツーリストのレジャー経験創造において重要な役割を果たすエンターテイメント空間

の場合,そのマネジメントはレジャー施設の持続性と密接な関わりを持つ。

3　エンターテイメント空間のマネジメント

　ツーリストが求める訪問目的地のイメージは,時を経るとともに異なる。そのため,自宅を離れた人々を引き付けるためには,その価値を示すことが必要となる。ツーリスト用に作られたほとんどのアトラクションは近代になってからできたものであり,作られた当初からアトラクションとして存在していたものである。テーマパークのような人工的アトラクションは,資源という面においてその劣化はないが,ビジターの興味・関心がシフトすることによって生じるビジター数の減少がアトラクションの持続性に影響を与える。そのため,人工的アトラクションの持続性はビジターの楽しいレジャー経験を演出することによっていかに多くのビジターを引き付け,リピーターを増やすことができるか,そのマネジメント方法が重要となる。

　レジャー・サービスという設定（たとえば,リゾート,遊園地,レクリエーション・センター,スポーツ・イベント）のための空間は,その境界が明確に示されていることを特徴とする。サービスを受ける側はそのような空間（施設）に一定の時間滞在するため,サービス提供者の態度や能力はツーリストの楽しみやアトラクションの認知に直接的に影響を与える。このような空間は,サービススケープ（servicescape）という考え方によって示されるように,空間的なレイアウトと機能性のほかに審美的アピールに関わる要素が重要とされる。そこでは,消費者がレジャー・サービスに自らアプローチするか,それともそのようなサービスを避けるかという点において,感情という側面が重視される。それはサービスが消費者の感情を促進あるいは抑制する重要な要因となるからである[24]。

　近年,人工的につくられるアトラクションの代表として挙げられるテーマパークがレジャー施設として人気を集めるなか,レジャー空間の生産と消費という点が注目される。多くのレジャー施設は,場所というコンテクストから

離れて存在することを特徴とすることから，閉じられることによって物理的・心的境界が定められる，つまり，そこに誘導された人々が時空間的に閉ざされる状況がつくられる。テーマパークはそのようなコントロールが強い場所として顕著であるが，そのような空間では，消費者の信頼と満足を得るためのサービスが空間を成立させる重要な要素となる。消費者側の期待通りの経験を創出するという企業の実践が成果をあげるためには，レジャーという時空間における楽しみかたを消費者側が知るという実践を必要とする。消費者側がレジャー施設における楽しみかたを持続させるということは，その施設（アトラクション）の持続につながる。テーマパークというレジャー施設はテーマ化をアピールすることによって人びとを引き付けようとするが，それぞれのテーマパークが差異化を試みる結果として，全体あるいはその一部が同じようなテーマを持つ傾向にある。さらに，このようなテーマ化というプロセスにおいて，新たなプロダクトとして絶えず発展させるためには，オーセンティシティ（真正性）とファンタジーとのバランスをいかに保つべきかという難しさが存在する。

　テーマパークは，そのテーマ化され，コントロールされた空間がもつ特性がモダン，さらにはポストモダンにおけるレジャー経験として表現される。人工的アトラクションを代表するテーマパーク，なかでもその代表とされるディズニーのテーマパークは，テーマという力がファンタジーという形をとることによって，人々のエンターテイメント経験を創造する空間である。ディズニーのテーマパークは，遊園地というエンターテイメント空間をレジャーのための空間としてだけではなく，人々に対して社会的力を行使する空間，つまり社会的空間へと変化させたといわれる（Zukin 1993）。このような閉じられたテーマパークという空間において，入場者はそれぞれのテーマパークにおける一連の定められたルールに従った行動を取る[25]。

　人々を誘い，あらかじめ定めた行動に人々を導く役割を果たすテーマによって，ビジターの楽しみや感動をあらかじめ計算し，予測し，コントロールしやすいように効率的につくられるテーマパークは，マクドナルドの経営手法が，なかでもその代表であるディズニーランドに典型的に見られるという[26]。

ディズニーのテーマパークと観光産業の関係については，ディズニーランドと時を同じくしてチェーン店の展開をはじめたファーストフード店のマクドナルドとの比較において語られることが多い。マクドナルド自体は観光産業に影響を与えたわけではない。しかしながら，ディズニー化現象に見られる成功が「マクドナルド化（McDonaldization）」という合理化現象の基本概念を観光産業に対して与えた影響は大きいという（Litzer and Liska 1997: 98）[27]。

　マクドナルドの経営手法とは，リッツアによる著書『マクドナルド化する社会』に示されているように，効率性，計算予測性，予測可能性，そして制御（コントロール）の提供であるが，リッツアによるこのような捉え方に対し，ゴットディナーはつぎのように述べる（Gottdiener 1997: 132）。ファーストフード店が機能的であるのは，人々が客としてそのような店の方式に親しんでいるため，どのように対応すれば（振舞えば）よいかを知っているからである。つまり，マクドナルドの成功はリッツアが指摘しているような合理的な手法を採用しているからだけではなく，客が店内という環境に順応した結果である。それはマクドナルドだけではなく，世界中で見られる他のファーストフード店という環境にも同様に見られる。このように述べるゴットディナーは，リッツアが客という役割を人々が相互的な状況においてうまく演じていることをまったく考慮していないこと，さらに，生産にかかわる合理化の技術は確かに利益に結びつくが，そればかりに関心を向け，人間の経験に関わるインタラクティブな側面を見過ごしている，と指摘する。そして，彼はファーストフード店が成功しているのは，人々が食べ物を買うために必要とされる言語（レストランでは言語がメニューの解釈やウェイター・ウェイトレスなどの従業員との対面的接触に必要とされる）に頼る必要がほとんどないという方法を取っているからであり，このような環境が人々に好まれるのは，人々がインタラクションを成功させるために必要とされる労力を最小限にしてくれるからである，と指摘する。さらに，彼はつぎのように考える。消費者である客は，自分にとって馴染みがあるため簡単に解読することができる視覚的記号を提供されることによって，適切に自分の仕事を達成することができる，つまり，人々は

環境に対して（あるいは空間において）どのようにうまく関わりを持てば良いかというその方法，つまり，それぞれの「場所の記号システム」に対する解釈方法を学ぶ。テーマパークというエンターテイメント施設やファーストフード店という空間は，消費者の協力（具体的には消費者の学習）を得ることによってうまく機能する。ゴットディナーによるこのような考え方は，ある特定の空間において創造される消費者の経験が，そこで提供されるサービスといかに関わりを持つかを示している。

アメリカのラスベガスやテーマパークは空間のテーマ化が顕著な例である。アメリカではこのような傾向が空港，レクリエーション施設，レストラン，遊園地，さらには，郊外のショッピングモール，博物館，歴史的記念碑の建築などにおいて広く見られると述べるゴットディナーは，異なるテーマがそれぞれアピールされることによって新たな文化が広がりをみせる傾向にあることを指摘し，テーマ化された環境がプロダクトとなるための二つの社会的プロセスをつぎのように示している（pp.4-5）。まず，ひとつは，文字通り環境であって，それは人々が集まり，インタラクションが行われる場として社会的に構築される。もうひとつは，シンボルとして空間が構築される，という文化生産プロセスである。

テーマ化された環境はテーマ化された経験を提供するばかりでなく，経済においても重要な役割を果たしている。目的地として数あるテーマパークの選択に関して，インタラクティブな経験をテーマパークやアトラクションに求めるようになってきたビジターに対応するため，それぞれのテーマパークは自らを差異化するために，さらにインタラクティブな経験を作り出す必要が生じている[28]。

エンターテイメント空間をインタラクティブな場として捉えるためには空間における秩序が保たれなければならない。その秩序を保つことに協力しているのがツーリスト（ゲスト）のパフォーマンスである。レジャーは，集合的資源を使用する個人的な活動であり，レジャー活動はオーディエンスがポピュラー文化に向かうことであると捉えるチェイニーは，つぎのように考え

る（Chaney 1993）。ツーリストは観光産業を中心としたさまざまな主体によって用意されたステージにおけるパフォーマーである。そして，プロジューサーと消費者によって行われるパフォーマンスの空間は，ツーリズム・プロダクトとそのパフォーマンスを決定する。ツーリストは，それぞれの場所や時間においてどのように行動すればよいか（演じればよいか），ということが決められている。そのため，パフォーマンスのなかのひとつのセットであるツーリズムによって生産されるプロダクトには，ツーリストというパフォーマンスも含まれる。パフォーマンスは，その舞台と演技者の規則や演技者同士の関係によって大きく異なる。そのため，パフォーマンスは固定されたものではなく相互行為的である。つまり，それは演技者のスキル，演技が行われるコンテクスト，さらにオーディエンスがそれをどのように解釈するかによって成功が決まる。空間はそこで派生するインタラクションによって遊び的要素を持つものへと変化することから，そこに登場するアクターは異なる活動の種類に対して立場を変えることによってプレイ，つまりパフォーマンスが続く間，異なるアイデンティティを取得する。このように考えるチェイニーが強調するのは，インタラクションがツーリズムという空間・場を成り立たせ，プロダクトを変化させることである。エンターテイメント空間を，行動を通して関係性が構築される「ネットワーク」であると表現するチェイニーは，「レジャーの明確な特性は文化のマーケティングにあることから，レジャー活動の選択は エンターテイメントのメンバー（消費者）になる，つまり選択することとパラレルである」（pp.163-164）と述べる。

　このようなエンターテイメント空間では，インタラクションを成功させるために消費者も協力，つまり協働することが求められる。そのため，経験がプロダクトとして人々に提供されることによって維持されるエンターテイメント空間は，単にプロダクトやサービスを売るだけではなく，エンターテイメントのメンバーとしての消費者とインタラクションを生じるような仕掛をいかにつくるかが施設を持続するうえで重要となる。

　次章では，ツーリズム活動の重要な要素となるアトラクションをシステムと

して捉えることによって,そのシステムがどのように機能するかについて考える。

<注>
(1) 国際的なレベルにおけるツーリズム促進のための機関として,世界観光機関 WTO (World Tourism Organization),国際通貨基金 IMF (International Monetary Fund),国際連合 UN (United Nations),世界銀行 WB (World Bank),国際教育科学文化機関 UNESCO (United Nations Educational, Scientific and Cultural Organization) などの国際機関があげられる。たとえば,国連は1967年を国際観光年に指定している。また,ユネスコは国際観光は異文化理解を促進するものであると捉えている。
(2) ツーリズムは「新・植民地主義」や「新・帝国主義」などと呼ばれることがある。
(3) このような指摘は他にも見られる(たとえば,「自動車産業のような製造業のように観光産業を明確に定義することができない」(Hjalager 1994: 197) など)。
(4) 「世界旅行産業会議(WTTC)によると,2001年における世界全体の観光産業の規模は,関連産業,関連投資,税収などを含めると,世界の GDP の10.7%に相当する3兆4,971億米ドルに達し,2011年までに年平均3.6%ずつ成長すると予測している。また,2001年における観光産業の就業人口は,世界の全雇用者数の約12人に1人に相当する2億706万人であり,2011年までに年平均2.3%ずつ成長すると予測している」(国際観光振興会2002年版『NTO国際観光白書「世界と日本の国際観光交流の動向」』2002年,p.26)。
(5) 世界観光機関(WTO)が発表した2002年の海外旅行者数の速報値によれば,「世界的危機に伴う悲観的な予測や議論にもかかわらず,同年の海外旅行者数は前年より2200万人多く(対前年比+3.1%),史上初めて7億人の大台を超える7億1500万人を記録した」(http://www.wto.osaka.org/0001.htm)という。しかし,このデータからは観光だけを目的とした人々の移動を特定することはできない。
(6) 「観光に係わる産業分野は,運輸,宿泊,飲食,エンターテイメント,ショッピング,美術館など観光施設,旅行サービス(旅行会社)など,幅広い」(2002年版 JNTO 国際観光白書『世界と日本の国際観光交流の動向』2003年,p.5)という記述からも,ツーリズムを産業として明確に限定することは難しいことがわかる。
(7) 英語の 'tourist' は日本語では「観光客」として使用されることが多いが,本来は「観光者」とすべきである。しかしながら,この表現は一般的にあまり使用されていない。また,他に「旅行者」が使用されるが,旅行者はレジャー以外の目的で移動する人も含まれることから,本書では使用しない。IUOTO (International Union of Official Travel Organizations の略,1974年に WTO (World Tourism Organizaion) になった) によると,ツーリストはつぎのように定義されている。「旅

行先に少なくとも24時間滞在し，その旅行全体の目的がつぎの項目のひとつに当てはまること，1) レジャー，レクリエーション，休暇，健康，勉学，宗教，スポーツ，2) 仕事，家族，ミッション，会議」(IUOTO 1963 The United Nations' Conference on International Travel and Tourism. Madrid: World Tourism Organization)。しかしながら，このような広義な定義はツーリズムを経済活動として捉えるためには十分であっても，レジャーと仕事関連の旅行を区別するためには役立たない。

(8) 「ツーリストというのは，自宅から離れることによって，その行動がレジャーに関わる人のことを指す」(Leiper 1990: 371)。

(9) コーエンは，ツーリズムを社会学的な研究の対象として捉える立場から，「ツーリスト」をつぎのように定義している (Cohen 1974: 533)。「ツーリストは自ら一時的に楽しみを求めて旅行に出かける人であり，その旅行は新奇性と比較的長期にわたる周遊という特性を持つ」。そして，彼は「新奇性」と「親密性」を両極として，観光産業の仲介を受ける程度を基にツーリストの類型化を行い，「組織的マス・ツーリスト」，「個人的マス・ツーリスト」，「旅行通」，そして「ドリフター」の四つのタイプを示した (Cohen 1972)。

(10) 「ツーリズム」という言葉は，円を描く道具を意味するラテン語tornusを語源とし，英語においては周遊を意味するtourに接尾語 (ism) がついたものである。日本においては，「観光」がツーリズムを示す言葉として使われているが，「観光」は狭義としてツーリズムの特性を示すことはできるが，「ツーリズム」=「観光」ではない，と筆者は考える。そのため，本書においては，人々が移動する現象として「ツーリズム」を使用する。ビジネスや家族・親類・知人・友人などを目的とした訪問のための移動もツーリズムという言葉によって示されるが，このような目的で移動する人々のなかには観光を行う人もいる。そのため，本書においては，レジャーを目的とした人々の移動によって生じる現象をツーリズムとして捉えることとする。

(11) たとえば，ガンはツーリズムを通勤・通学以外のすべての移動を包括するものとして捉えている (Gunn 1988)。また，『新社会学辞典』(森岡清美・塩原勉・本間康平編，有斐閣1993: 222) によれば，「観光」はつぎのように定義されている。「保養・遊覧など娯楽・余暇的な目的をもって旅行することであるが，巡礼，伝統的な旅との連続性をもつ。従来，滞在，見物をめぐって，政治，経済，社会，歴史，文化などあらゆる現象が絡み合う観光は，まさに「全体社会的事象」である。とりわけ近代の「制度」としての観光は，大衆社会，異文化，生産様式，国家との不可避のつながりをもつ」。

(12) プロダクトはコトラーによってつぎのように定義されている (Kotler 1984: 463)。「人々の注目，取得，使用，そして消費の対象として消費者の願望や需要を満たすために市場に出されるものすべてを指し，物質，サービス，人，組織，そ

して発想などを含む」。
⒀　たとえば，NHK『21世紀ビジネス塾「市民パワーで復活！わが町の動物園』(2005年2月4日放映)など。
⒁　その四つの経験領域とは，「教育的」(自分がその世界にどのように適合し得るかを考え直させる)，「脱日常的」(個人的能力および特徴を新たな次元まで高めることができる)，「娯楽的」(世界観を変えることができる)，「審美的」(驚異，美，賞賛の気持ちをもたらしてくれる)である (Pine II and Gilmore 1999: 30-40 = 2000: 65-77)。
⒂　ディズニーのテーマパークであるアニマル・キングダムは，ゲストを楽しませるというエンターテイメント的要素と，学ばせるという教育的要素をもつことによってゲストにインタラクティブな経験が提供されることが強調されるテーマパークである。パインとギルモアは「経験経済」の視点から，「エジュテイメント」は教育と娯楽の二領域にまたがる経験を表すために作られたと述べる (Pine II and Gilmore 1999: 32 = 2000: 67)。
⒃　「エジュテイメント」という言葉は，教育的および文化的活動にエンターテイメントとしての商業的，そしてテクノロジー的要素が結びついたものであるが，20世紀初頭，アメリカの博物館において一般の人々が訪れやすいように，博物館側が教育的であると同時にエンターテイメント的要素を取り入れる努力を行ったことに見られるという (Hannigan 1998: 98)。
⒄　パインとギルモアによる原書 *The Experience Economy* において，9章のタイトルは「消費者はプロダクト (The Customer Is the Product)」であるが，訳書『経験経済』においては，「今や人，商品，企業を変身させることがビジネスとなる」となっている。
⒅　和田は関係性マーケティングの重要性について論じている (和田 1998)。
⒆　ミドルトンは，ツーリズム・プロダクトではなく，ツーリスト・プロダクトという用語を使用しているが，一般的にはツーリズム・プロダクトとして使用されている。
⒇　ツーリスト・プロダクトを「特定レベル」と「総体レベル」という二つのレベルにおいて捉えるミドルトンは，つぎのように考える (Middleton 1989: 77-85)。前者はツアーなどの単一の事業体によって提供される個々のプロダクトを指し，そのプロダクトには，商業的特性をもつもの(たとえば，宿泊，交通，観光対象，さらには車やスキーのレンタルの提供など)が挙げられる。一方，後者のほうは，ツーリストが自宅を離れるときから戻るまでの間に消費するサービスの要素すべての組み合わせによって成り立つ。
㉑　ホテルや旅行関連の学校では，観光産業におけるアトラクションの主要な役割についてはほとんど教えられていないこと，そして，観光産業はそれぞれの個々のビジネスによってのみ成り立っているという間違った印象を持つ傾向にあるこ

とが指摘されている（Gunn 1980: 253-254）。
(22) 石田 1998: 178。
(23) ビジター・アトラクションとツーリスト・アトラクションという用語について，スウォブルックは，泊まりよりも日帰りでアトラクションを訪れるビジターのほうが多いこと，さらにそのようなビジターのなかにはアトラクションが存在する地域住民が多く含まれることから，ツーリスト・アトラクションよりもビジター・アトラクションという用語を使用する，と述べている（Swarbrooke 1995: 4）。
(24) アトラクションの生産（＝提供）過程には，サービスの生産過程と同じように顧客と従業員の関与があることから，顧客のマーケティング戦略では，顧客と従業員という「人」が重要な要素となると考える貴多野は，マッカーシー（McCarthy, E. J.）が提唱したマーケティング・ミックスの四つの要素（4P），製品（product），価格（price），場所（place），プロモーション（promotion）に人（people）を加えて，5Pにしなければならないと述べる（貴多野 2000b: 20）。
(25) リッツァとリスカは，このような様相を，人々に対するコントロールは長い間ではないため，ソフト・コントロールであると表現する（Ritzer and Liska 1997: 107）。そして，近代の「ハード」型コントロールに比べて，ポストモダンは「ソフト型」コントロールであるが，人々はどのように自分がコントロールされているのか意識できないため，コントロールに抵抗することは不可能であるからである，と述べる。
(26) たとえば貴多野 2000a を参照。
(27) 観光産業のマクディズニゼーション（McDisneyization）とも呼ばれている（Ritzer and Liska 1997: 98）。
(28) テーマパークのアトラクションに対しては，スリルを求める乗り物を中心としたものよりも，インタラクションが必要なもののほうがプロダクトの発展として今後重要になるであろうという予測も見られる（Stevens 1993: 116）。

第2章
アトラクションと文化体験の構造

1　ツーリズムの演出性

(1)　システムとしてのアトラクション

　中産階級が台頭し，観光活動の大衆化が生じた西欧において，システム化されたツーリストの経験を，近代を示すものとして二人の論者はつぎのように述べる。まず，ツーリストの経験を近代の退廃を象徴する軽薄なものとして捉えるアメリカの歴史学者ブーアスティンは，骨の折れるやっかいな仕事をする旅行者（traveler）に代わって，ツーリスト（tourist）[1]が台頭してきたことを，著書『幻影の時代——マスコミが製造する事実 *The Image: A Guide to Pseudo-Events in America*』のなかで指摘した（Boorstin 1987=1964）。ツーリストを近代に満ち溢れる人工的な現象に満足する，浅薄で擬似的な人間のメタファーとして捉える彼は，近代において，日常世界からの逃避としてのレジャーがパッケージされた商品となったことを指摘し，現代では旅行経験が希薄化され，あらかじめつくりあげられたものになってしまったことにより，現代のアメリカ人ツーリストが「擬似事象（pseudo-events）」[2]でもって経験を満たしている，と批判する。彼は，「擬似事象」現象をまさに引き起こし

ているのはツーリスト自身であり、旅行そのものが「擬似事象」であることから、ツーリストの体験はその場限りのものであると述べる。さらに、彼は、観光の対象であるアトラクションを、本物がいくらでも存在するような場所においてさえも、ツーリストに対して人工的な経験を提供するプロダクトであるとして、観光客用のアトラクションは、それが擬似事象である時もっともよくその目的を果たす、と考える。

一方、ブーアスティンが使用する「ツーリスト」という言葉が、明らかに自己の疑似体験（inauthentic experience）に満足している人に対する蔑称として使用されていることに対し、「疑似事象」はツーリズムに見られる社会的関係に起因するのであって、ツーリスト自身が疑似性を希求しているのではない、と考えるのがアメリカの社会学者マッカーネルである。ツーリズムを文化システムとして捉える彼は、著書『ツーリスト *The Tourist*』において、ツーリストと近代社会のさまざまな文化表象との関係を探ることによって、近代世界がひとつの巨大なアトラクションとなり、未知なる場所における新たな体験を求めて巡るツーリストのために意図的につくられていることを示そうとした（MacCannell 1976, 1989, 1999）[3]。彼は、「見物という行為（the act of sightseeing）」は、新しいさまざまなレジャー活動のなかでも、ツーリストを近代社会の全体性のなかに引き込むためによく適している、と考える（p.7）。それは、見どころを巡ることによってツーリスト（近代に生きる人々）は近代社会の全体性を把握できるからである[4]。彼は、近代社会の構造が「文化生産（cultural production）」によってあらわされ、ツーリストの文化経験には、経済的価値を含めた諸々の価値が究極的なかたちで集積していると考え、ツーリストと観光対象、そして両者を結びつける媒体との関係性からツーリズム構造を示そうとした。彼が示したアトラクションは、ツーリストの観光対象であると同時に、ツーリズムというシステムのサブシステムとして、要素間の関係性を示す概念である。

マッカーネルによって示されるアトラクション（attraction）は、ツーリスト（tourist）、見どころ（sight）、マーカー（marker）の三つの要素によって

第2章　アトラクションと文化体験の構造　35

構成され，三者は経験的関係としてつぎのように位置づけられている。

アトラクション［マーカー／見どころ（sight）／ツーリスト］

　一般的に，観光対象（アトラクション）は「見どころ sight」[5]を指すものと捉えられることが多い。しかしながら，マッカーネルはアトラクションをひとつの要素としてではなく，ツーリスト，ツーリストのまなざしの対象，その対象を特別のものとするマーカー（イメージ）という三つの要素から構成される，と考える。つまり，彼は，アトラクションを三つの構成要素が互いに結びついたひとつのシステムとして捉えている。このため，アトラクションは，歴史的な場所や遊園地や絶景などのように，アトラクションという語義によって想像されるようなものばかりでなく，ツーリストのためのサービスや施設などを含むと考えることができる。マッカーネルは，ツーリスト自身までもがアトラクションとなる，と述べる（pp.130-131）。マッカーネルが考えるアトラクションとは，ある社会的グループや個々人にとって意味ある記号であることから，ツーリストにとってそれは深い意義をもつ社会的シンボルを意味する。商品はある目的を達成するためのひとつの手段になっているが，その目的とは，近代世界という巨大なシンボリズム（象徴体系）のなかへ，仮想と現実とを総合するに至る経験や体験を限りなく蓄積することである，と彼は考える。

　アトラクションの構成要素のなかで一番重要であるとマッカーネルが考えるのはマーカーである。マーカーとは，見どころに関する情報であるが，この場合，どのような情報をも包括するものとして用いられている。たとえば，旅行案内書，博物館ガイド，旅行体験談，美術史のテクストや講義，学位論文集などに盛り込まれている情報もマーカーである。このマーカーが無ければツーリストは見どころを認識することができないばかりか，見どころ自体もあるべき姿としては存在し得ないのである。マーカーは，ツーリストに対してアトラクションについての情報を提供し，それが認知されたものであることを知らしめることにより，見どころとしてマークするものである。見どころは，見どころ

に付随した情報であるオン・サイト・マーカー（on-sight-marker，たとえば，道標，記念銘板，碑文など）と，見どころから切り離された情報であるオフ・サイト・マーカー（off-sight-marker，たとえば，絵はがき，写真集，宣伝など）に区別することができる。ツーリストは対象を見どころとして認識することが重要であると考えるマッカーネルは，観光（sightseeing）とは，ツーリストが見どころへと到達するまで，マーカーからマーカーを巡るものであるとして，マーカーと見どころの関係を，シニフィアン（signifier，意味するもの）とシニフィエ（signified，意味されるもの）との関係として捉える（pp.109-133）。そして，彼は見物という行為は，最初，オフ・サイト・マーカーを通じて見どころについて知ったツーリストが，その情報に従いオン・サイト・マーカーにたどり着き，オン・サイト・マーカーによってそれが見どころであると認識することである，と考える。

　マーカーの役割についてマッカーネルは，つぎのように説明する。ある特定の場所がツーリストの旅程に組み込まれるためには，そこがユニークであることによって人々の注目を集めるような際立った特徴によってマークされなければならない。アトラクションの特徴は，見どころのマーカーへの依存度である。「何でもない」見どころがふさわしいマーカーを付けられることによりアトラクションになる。もしある場所がマークされていない，つまり差異化されていなければ，そこは特徴ある見どころとは考えられない。アトラクションにおけるマーカーの重要性は，マーカー自体が見どころとなることによってもあらわされる。それは，マーカー自体が，まなざしの対象としてのアトラクションになることである。アトラクションにおいては，シニフィアンとシニフィエの関係における置換も生じる。たとえば，エッフェル塔は，様々に異なるシニフィアンによってあらわされることから，ツーリズムにおける重要なシニフィエであるが，それ自体「パリ」を意味するシニフィアンである。このように，シニフィアン自体がシニフィエとして機能する場合がある。見どころを見どころたらしめるのは見どころをマークするというプロセスであるため，アトラクションを欠いた場所というのは，見どころが無いのではなく，マークされ

るそのプロセスが発達していないのである。そして，ツーリストを呼ぶことによって近代化を進める地域にとって問題となるのは，その地域に見どころが無いことではなく，世界的に知られるような見どころの情報としてのマーカーというシステムが十分に発達していないからである。「ツーリズムにおける本当のマーカーには学術的ないしは歴史的視点からの本当の価値はまったく必要ない。本当であるということは，本当でないとされる情報への二項対立のシステムから生ずるのである。……こうしたいくつもの対比関係は，観光という行為それ自体において，ツーリストが情報と経験を自らのうちに構成していくうちに，ツーリストの満足へと変化しうる」(p.139) と述べるマッカーネルは，つぎのように考える。ツーリストが見どころを巡ることによって見どころを再びマークし，知人にみやげ品や絵はがきを送ったりして見どころを広めるプロセスは，ツーリストが本当のマーカーになりうるマーカーを生み出すプロセスであることから，そこには社会的現実の生産に関わるツーリストの存在が映し出されている。

　ツーリズムが文化の特性を顕著に示すものと考えるマッカーネルは，商品化という概念を広げることによってそれをツーリズムに対して応用した。彼は，他の多くの商品と同様，ツーリズムは人々に強い願望やファンタジーをアピールする広告を媒体としてパッケージ化され，記号・イメージ，構築・操作という関係に固定されていることを「文化生産」という表現によって示した。マッカーネルによって示されたアトラクションのモデルを理解するためには，見どころとマーカーの関係に対するツーリストの行動に注目することが重要である。アトラクションは，社会的であると同時に地理的なものであり，ツーリストにとって重要な見るべき対象であり，訪れるべき場所である。期待通りの記号やシンボルを探すツーリストは，「記号の軍隊」(Culler 1981) と呼ばれるように，経験を集め，消費し，比較する集団である。記号を確認し収集するというツーリストの行動はまさにその経験がかなえられたという「証」となる。しかしながら，旅行者が求める情報とは異なる方向に導くマーカーの間にはギャップがあることもある。マーカーが十分ではないためにシステムとしてう

まく機能していない場合がある一方，あまりにも多くのマーカーが存在することによって，ツーリストにとって行き過ぎたコマーシャライゼーションと映る場合もある。

あらゆるアトラクションは文化体験であると捉えるマッカーネルは，文化体験は二つの要素から成り，この二つの要素は結合されている，と考える。その要素とは，ひとつは，日常生活の局面を舞台や映像などで表現したものであり，彼はこれを「モデル（model）」と呼ぶ[6]。もうひとつの要素は，モデルに基づいて変化したり，生み出されたり，あるいは強調される信念や感情であり，彼はこれを「影響（influence）」と呼ぶ。「モデル」と「影響」とを結合させるのが「媒体（medium）」である。マッカーネルは，これらの文化モデル，その影響，両者を結合する媒体，これらをめぐって形成されるオーディエンス，さらにその背後にいる製作者，つまり，監督，俳優，エージェント，技術者および配給者などすべてを含め，「生産（production）」と呼んだ[7]。彼は，ツアープログラム，旅程，コース，名所，スペクタクル，風景など，近代に見られるさまざまな事物の価値は，それらを生産するために必要な総労働量によって決定されるのではなく，むしろ，その価値はそれらが約束する経験や体験の質および量がどのように機能しているかを反映していると考え，それを機能させるための制度的な仕組みを商品化プロセスのダイナミズムとして示した。

マッカーネルは，「文化生産」という用語が文化のプロセスのみを示すのではなく，そのプロセスから派生するプロダクトであると捉える。彼の考える「文化生産」とは，その本質においてツーリズムに対応した商品化のコンセプトが表現されたものである。彼は交換価値と使用価値という価値のほかに記号価値という新たな価値を導入することによって，商品化というプロセスを説明しようとした。つまり，彼が考えたのは，アトラクションというシステムの中で個々の相互作用のプロセスによって経験というプロダクトが生み出されるプロセスであり，生産がそれらを消費する人びとにとってどのような意味を持つのかを意味する記号システムであった。

マッカーネルはアトラクションについてつぎのように考える。アトラクションがもつ意味は近代以前の時代のように生産というプロセスではなく，消費を通じて作られる。そのため，アトラクションにはツーリストによる消費というプロセスを経ることによって意味が織り込まれるのである。伝統を否定することによって構築される近代社会は，人々に対して自らの伝統を創造させようとしている。ツーリズムは近代につくりだされる伝統のなかでも最も強力なもののひとつである。そこでは，ツーリストのまなざしの対象として，古いものや珍しいものが保存され，地域色が強いさまざまな文化的・社会的イベントは演出され，自然はツーリストが楽しむ場所となる。歴史はテーマパークなどにおいて呈示されるが，歴史によってわれわれがコントロールされるのではなく，われわれは歴史をコントロールするようになってきたのである。古い対象や経験に対して新たな意味づけを行うことは可能かという問いに対して，彼は，過ぎ去った時代を示す古い工場がツーリストのための新しいショッピング・モールとなっていることに示される，と答える[8]。

　メディアのシステムを通じたイメージの生産・再生産としてアトラクションの発展プロセスを捉えるマッカーネルは，アトラクションについてさらにつぎのように説明する。「アトラクションは単に物質的形象をランダムに収集したものではない。それらは旅行の日程に現れると，ツーリストに対して道徳的要求を行い，同時に，普遍性を志向し，自然，社会，歴史，文化の諸領域を，ツアーによって可能となる単一の表象へと組み入れようとするのである」(p.45)。そして，彼は，アトラクションを見るツーリストの行動分析のためのコードについてつぎのように述べる。「アトラクションと，それらをめぐる人々の行動とは，近代社会を構成する多くの普遍的なコードのうちでも，言語ほどではないにせよ，もっとも複雑かつ秩序あるもののひとつと考えられる」(p.46)。アトラクションとして認識されるというプロセスは，商業的なツーリズムの生産システムを超えて生じると考えるマッカーネルは，近代においては道徳的コンセンサスが衰退することによって，個々の価値観を結ぶためのシステムがますます欠如するようになったことを指摘する。そして，

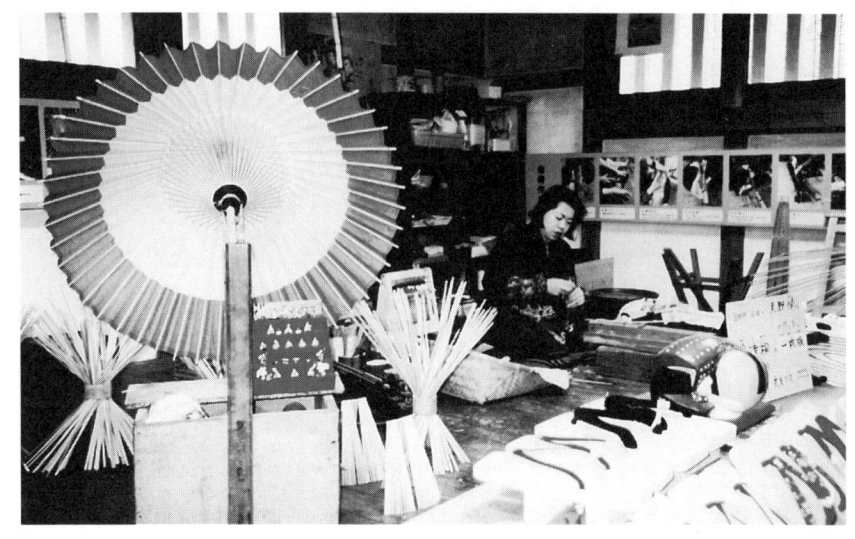

写真2-1　三州足助屋敷における番傘作り。「足助屋敷は姿を消してしまった手仕事を今に伝えています。かっての暮らしを再現し，今の私たちの生活を省みる場所となっています」と観光協会ホームページ（http://www.mirai.ne.jp/~asuke/2005.10.10）に書かれている。(愛知県・足助町)

　ツーリスト用コードはもっともパワフルに広がった近代のコンセンサスであり，それは西欧社会におけるおもな安定のための力であり，見どころをめぐる（sightseeing）という行為は人々が社会の善悪に対する総体的な同意を発達させるひとつの方法である，と考える[9]。

　見どころを巡る（sightseeing）という行為は，基本的にはある場所へ最初に訪問する者の行為である。マッカーネルが示すアトラクションは，視覚が中心となって形成されるツーリストの経験を示すものであり，メディアに媒介されることによって差異化されたイメージを非日常性の維持機能として生成するものである。マッカーネルによって示されたアトラクションというシステムに対しては，ツーリズムはアトラクションというシステムではなく，アトラクションとディストラクション（distraction）のシステムである（Schudson 1979: 1252-1253）という考えかたも示されている[10]。しかしながら，「ロンドン塔を一人のツーリストも訪れなければそれはツーリスト・アトラクション

写真2-2 江戸時代の面影を残す妻籠宿(重要伝統的建造物群保存地区)で記念撮影するツーリスト。道に立つ説明板には,ここが「全国初めて集落保存に着手した……」と書かれている。(長野県・妻籠宿)

とは捉えられない」(Leiper 1990: 381) とも表現されるように,アトラクションはレジャーを目的とする人びとが自宅を出るという行為を促すための,つまり,ツーリズムという活動を成立させるための核であるとともに,ツーリズムという活動を引き起こすための要素の関係性を示すものである。

(2) 文化表象としてのアトラクション

人間によって作り出され,社会的諸関係を成立させる「モノ」が,シンボルとして機能する現代社会をとらえるために,マッカーネルはツーリズム現象をその顕著な例として選んだ。ツーリズムを研究することが,近代という概念を問い直すことであると考え,消費という視点からツーリズムを捉える彼は,アトラクションの構造分析を試みることによって,近代においては,社会や歴史や自然などすべてがアトラクションへと変わる可能性があると考えた。アトラクションはすべて文化体験であることからツーリズムは文化体験であると考え

る彼は，文化は差異化のための装置であると同時に組織を統合するための装置である，と捉える。

マッカーネルと同様に，ツーリズムを消費という視点から捉えるアーリは，ツーリズムは文化そのものであると考える。ツーリストが消費するのは記号であることから，ツーリズムの研究は文化を解釈するためのプロセスであると考える彼は，つぎのように述べる（Urry 1990a, 1990b, 1992, 1994, 1995）。近代ツーリズムは，商品化というプロセスと消費文化というコンテクストにおいて理解できる。ツーリズムは近代における社会生活の商品化の延長であり，ツーリズムという活動によって自然資源が文字通り消費されるのと同時に，経験としても消費される。経験がツーリストにとって重要となるのは視覚的に顕著な環境においてである，と考える彼がここで述べる視覚とは，文字通り見るということではない。というのは，ツーリズムは記号の収集を含むからである。たとえば，英国において小さな村がツーリストによって見られる場合，ツーリストのまなざしを通して捉えられるのは，「本当の古い英国」の光景であり，パリで男女が抱擁しているのは「時間的に拘束されないロマンチックなパリ」なのである。彼が示す「ツーリストのまなざし（tourist gaze）」は，ツーリストの経験であり，その経験とは，記号，シンボル，文化体験（なかにはまったくの人工的なものもある）の消費，そして，ツーリストの経験の部分的集合なのである。アーリによって示される「ツーリストのまなざし」は，日常世界における経験から切り離されて際立った対象に対して向けられ，その視覚的な消費はアトラクションに含まれるものである。このような「ツーリストのまなざし」の対象となるアトラクション，たとえばロンドン塔のような有名なアトラクションは，それ自体がツーリストを引き付けるのではなく，それを見る人の心にそのようなイメージをつくりだすことによって人々を引き付けるのである。

マッカーネルやアーリは，ともにツーリズムを消費という視点から捉えることによって，「グローバルな消費文化」としてのツーリズムが場所の形成に関わり，その社会的イメージの構築と密接な関係をもつことを指摘した。ここ

で重要となるのが，ツーリズムの演出性である。マッカーネルは，ツーリスト用に用意されたさまざまな社会的・経済的な仕組みのなかで，表舞台から裏舞台へ進むツーリストが希求するオーセンティシティ（真正性）が，文化資本によってどのように示されるかをツーリズム構造として明らかにした。彼は，近代におけるツーリストの経験が仲介されたものとなってしまったこと，つまり，対象のオーセンティシティを教えられることによって人々ははじめてそれを確認することができるという矛盾した状況を示すことによって，それをツーリストによる記号探しのプロセスとして捉えた。つまり，マッカーネルの関心は，ツーリズムの生産と消費という舞台の設定において，表舞台がどのようにして裏舞台と協働するようになったのかにある。彼は，近代においては，人類学者が分類してきた「本当の」あるいは「オーセンティックな」文化がますます無くなりつつあること，そして，その代わりに，今われわれのまわりにある文化は，他の文化あるいは異なる時代からの借り物であることから，ますますディズニーランドのようにすべての文化が似てきていることを指摘した。そのため，彼は，オーセンティシティを，ツーリスト経験の核，さらには，近代におけるイン・オーセンティシティを映し出す概念として捉えている。オーセンティシティをツーリズム構造の分析のための重要な概念として考える彼は，ツーリスト用の空間に見られる社会構造上の仕組みを「舞台化されたオーセンティシティ（staged authenticity）」という表現によって示した。

　彼は，ツーリストに対して用意される装置についてつぎのように述べる。「ツーリストが訪問地の人々と接触をもつ方法は，オーセンティックな体験や知覚や洞察力の希求にある。オーセンティシティの探求は，表から裏へ移行する各ステージにおいて表され，それぞれへの移行は，ツーリストの理解力の高まりと呼応する。世界の中には，このような連続性が十分発達した地域があるが，その連続性は無限に続くツーリスト用装置としてみえる」(p.105)。彼は，ツーリズムにおける「表舞台」と「裏舞台」の関係を，ゴフマン（E. Goffman）の概念である演出性をもとに分析した。彼は，ツーリストを呼ぶ（attract）ための「ツーリスト用」と，「ツーリスト用ではない」つまりツーリ

ストのためにマークされていない「本当」の，という二極間のアトラクションの構造を他者に対して呈示される社会構造として捉え，それをツーリストの存在を通じて示そうとした。彼は，ツーリズムにおいては，もはやゴフマンが示したような表舞台と裏舞台はなく，「舞台化されたオーセンティシティ」という偽りの裏舞台しかないと考える(11)(12)。彼は，これをツーリズムの発展にともない出現した現象であると捉える。それは，ツーリストが存在することによって，彼らに「見せる」部分が必要となってきたからである。

　マッカーネルによって示された「舞台化されたオーセンティシティ」という概念を事例研究に用いたコーエンは，タイのチェンマイに住む山岳民族であるメオ族（Meo）が住むドイ・プイ村（Doi Pui）のツーリズム構造についてつぎのように説明する（Cohen 1979a: 14-15）。この村にツーリストが到着すると，彼らは村の入り口で民族衣装を着た「山岳民族」と土産用の工芸品を見るが，ここはツーリスト用につくられた空間であることは誰の目にも明らかである。ツーリストは，高所は住民の居住区域であり，そこはツーリスト用の空間ではないことを知っている。そのため，山岳民族の「本当」の暮らしを見てみたいと思うツーリストの一部が，住民の居住区域の一番低い所を訪れるが，実際そこはマッカーネルがいう「舞台化されたオーセンティシティ」という装置用の場所であり，そこで住民はツーリストが来ても無関心を装っているが，ツーリストが写真を撮ると報酬を要求する。このような空間は山岳民族の本当の暮らしを見たいと思ってきたツーリストにとっては裏舞台であるが，実際そこはまだ表舞台なのである。

　マッカーネルによって示される表舞台と裏舞台の弁証法的関係は，オーセンティシティのパラドックスとして，広くツーリズムという場に見られる。それは，たとえば，少数民族を「観る」ことを目的とするようなエスニック・ツアーにおいて，「秘境」を売りにするエスニック・ツアーの主催者側が，「裏舞台における人々」（オーセンティシティ）を「観る」ことができる場所を，新しいツアー用の目的地として探し続けるという状況を指す。

　マッカーネルによるオーセンティシティという概念をもとに，文化とは演出

写真2-3　ツーリストを観る住民（山岳民族）の「まなざし」。ツーリズムにおける「まなざし」はツーリストのものばかりではない。（タイ北部の山岳民族の集落）

されたものであり，一見オーセンティックに見えるものはどれも演出されたものであると考えるアーリは，ポスト・ツーリスト像をつぎのように示している（Urry 1988, 1990a）。まず，ツーリストはツーリズムの仕組みをよく知っていて，ツーリストはすでにオーセンティックな体験などできないことを分かっている。ポスト・ツーリストにとって，アトラクションがオーセンティックでないことなど問題とはならない。彼らは偽りのオーセンティシティで十分満足する。たとえば，一見，オーセンティックに見える漁村などは観光収入がなければ存続し得ないことを知っている彼らは，きれいな観光パンフレットはポップ・カルチャーであると考える。つまり，彼らにとって，ツーリストであることはひとつのゲームであることから，そのゲームのなかに楽しみを見つけようとするのである。旅行目的地はツーリストに好まれるようなプロダクトとして市場に出されるが，ツーリストの行動を理解することの難しさは，何が消費されるのか明確ではないことに起因する。このように考える彼は，著書『場所の

消費 Consuming places』（1995）のなかで，人の移動によって生じるツーリズムという現象がモノやサービスの消費とともに，場所の消費と密接な関係性をもつこと指摘し，場所における社会関係とその消費の特性について述べた[13]。このような考えかたは，レジャー活動を目的とした人の移動現象における「場所性」の重要性を示している。それは，場所に関わるモノやサービスの消費と楽しみのパッケージ化が場所とリンクされることによって示される経験にアプローチするための視点として，つまり，場所をツーリズムにおける消費のプロセスに見られる社会関係として捉えているからである。

　一方，「場所性」をツーリズムの重要要素とは捉えない立場も見られる。コーエンはつぎのように考える（Cohen 1995）。現代におけるシミュレーション技術の発達により，人工的アトラクションはある特定の場所に限定されたものではなくなってきた。そのため，目的地における経験が日常生活では得られないことを前提とするツーリズムは，わざわざ自宅を離れて移動する必要が無くなることによって，レジャーとの境界が実質的には消滅するであろう。現代のシミュレーション技術が「本当の経験」と「シミュレートされた経験」の差を無くすことをポストモダンの特徴として捉える彼は，それを「脱場所性（de－placement)」という言葉で表現する。

　確かに，以前はアトラクションが存在するところへ出かけることによってのみ得られた経験は自宅での経験とその差が無くなりつつある。たとえば，ディズニーランドは「共有される意味や価値と結びついた場所性や場所の感覚が存在しない」（若林 2003: 276）と表現される[14][15]。しかしながら，今日，人工的アトラクションを代表するテーマパークは多くの人々を引き付けている。それは，自宅では味わえない直接的な体験や対人的なサービスを受けるという経験を人々に提供しているからであり，エンターテイメント空間がツーリスト用につくられた人工的アトラクションを一層発展させていくための手法を駆使することによって，訪れるという行為を人々の共通の体験としてシステム化させているからである。

　近年，文化資本は個人的な差異を意味するだけでなく，場所の特性にもな

りうることが強調されている（Zukin 1993; Britton 1991; Munt 1994）。ツーリズムにおけるアトラクションは，ギデンズによって「資源」，あるいはブルデューによって「資本」という概念として示されているものを指す。ツーリズムにおける生産と消費は基本的には地理的（物理的）なプロセスであるが，空間における「表」と「裏」の境界に対するマネジメントがどのように行われるのか，そこには物理的空間ばかりでなく心的空間を形成する要素が関係する。

　ツーリズムは，その移動性を特徴とする点から，エスニシティやジェンダーなど，さまざまな差異を顕著にする。差異は，ポジティブとネガティブの両方を兼ね備えた「アンビヴァレント＝両面価値的」なものである。ツーリズムにおいて見られる差異は，たとえば，人工的／自然な，新奇性／親密性，本物／偽物，ローカル／グローバル，モダン／原初的，労働／レジャー，現在／過去，都会／田舎，公／私，などの二極間において定められるが，それは，観光の対象をステレオタイプ化することである[16]。マッカーネルは，観光産業を中心とする記号化のシステムが社会制度として機能するツーリズムが，「差異」と「他者性」によって構成される点を重要視し，差異化のための基準をオーセンティシティという概念によって示した。

　現代において，たとえば地域の個別の差異は，見出されることによってツーリストのまなざしの対象として形成される。そこには，ツーリズムという＜場＞が社会空間化されることによって関係性のシステムが生成されるプロセスが存在するが，そのプロセスは多様である。それは，観光対象のすべてがはじめからアトラクションとして存在していないうえに，すべてのアトラクションの重要性は同格ではないからである。さらに，アトラクションの重要性は時代とともに変化する。アトラクションが発展してゆくそのプロセスは，ツーリズムというシステム全体がどのように機能してゆくかに関わるが，それはツーリストの経験を創出する場所がどのように呈示されるかによって示される。アトラクションはツーリズム・プロダクトの核となるものであるが，そのプロダクトが文化をアピールする特性をもつ場合，そこには地理的な場所性と文化のオーセンティシティとの密接な関わりが表出される。

2 「聖化」される空間とその維持

　「自然なまま」と「ツーリスト用」，あるいは「オーセンティック」と「イン・オーセンティック」の区別は，ツーリズムにおける大きな記号的要因であると考えるマッカーネルは，ツーリスト用ではない「本当の（オーセンティックな）」場所で，住民の実際の生活をみるという「オーセンティックな経験」は，多くのツーリストが自宅を離れ，観光対象が存在する場所へ移動するに値する，と考える。彼は，ツーリストが行動を起こすための装置としてのアトラクションをひとつの社会構造のモデルとして捉えた。それは，「構造的研究において，社会のある側面に関するモデルを構築する場合，もっぱら個人の態度や振舞いのみにもとづくだけでは不十分で，それと具体的社会制度との結びつきに関して，詳細な検討をする必要がある」(MacCannell 1976: 43) からである。

　マッカーネルは見どころがつくりだされるプロセスについて，その制度的なメカニズムを「見どころの聖化（sight sacralization）」と呼び，それに付随するツーリストの態度を「儀礼的態度」と表現することによって，そのシステムがどのように制度化されるかをつぎのように示した (pp.44-45)。見どころをつくりだすプロセスとしての「聖化」は「名づけ naming phase」，「枠づけと顕示 framing and elevation phase」，「秘蔵 enshrinement」，「機械による複製 mechanical reproduction」，「社会的複製 social reproduction」という五つの段階に分類されている。

1. 「名づけ」は，対象の価値に対する検証が行われることであり，ツーリストが見どころを訪れることによって，それをアトラクションとして認識することを可能にするような社会的認知である。国立公園や文化財のような公的な指定を受ける場合には法律が必要となる。「聖化」の候補としてふさわしいかどうかについての検証が行われた後，その結果が報告書にま

とめられることによって，その対象が美的，歴史的，社会的，さらにレクリエーション的にも価値があるかどうかが判断される。
2．「枠づけと顕示」は，アトラクションを保護し，強化するための制度的な枠組みが構築される段階において，対象のまわりに正式な境界を設けることであり，対象を見えるように呈示することである。
3．「秘蔵」とは，オリジナルな見どころとの枠づけをしているもの自体が「名づけ」の段階に至ることであり，たとえば，貴重な文化財を展示するために作られる博物館がその文化財の名称をつけることである[17]。
4．「機械による複製」は，印刷物，写真，模型あるいは人物像などが作られることを指す。この段階は，本物を求めて旅行に出かけようというきっかけをツーリストが得るためにもっとも強い影響を与える。
5．「社会的複製」は，集団，都市，地域などがその有名なアトラクションにちなんだ名前をそれぞれの場所につけはじめることによって生じる。

このように，マッカーネルは自然や文化などをツーリストの儀礼に必要な聖なる対象とするプロセスを示した。人々がまなざしを向ける対象を「聖化」するプロセスは，日常の平凡な光景から際立たせることである。彼は，アトラクションは「聖化」のひとつである「秘蔵」というプロセスによって，「聖なる」ものとして空間的に他のものと区別される，と考える。マッカーネルによって呈示された「見どころの聖化」というプロセスは価値を伴う，つまり価値を決定するためのプロセスを伴う。それは，たとえば文化遺産が法的に保護され，公開され，広く名が知られることによって人々に認められる，つまりシンボルとなるプロセスとして広く見られる。

　文化観光（たとえば，エスニック・ツーリズム［少数民族観光］やヘリテージ・ツーリズム［遺産観光］など）においては，文化がツーリストの観光対象となるため，そのオーセンティシティがツーリストの経験という点において大きく関わる。このようなツーリズム形態においては，訪問先における新奇性やユニーク性を求めるツーリストに対応するため，他の地域と異なるエスニシ

写真2－4　地域の伝統芸能に向けるツーリストのまなざし（岐阜県・白川村）

ティ，文化的アイデンティティ，ナショナリズム，伝統，遺産など，他の地域と異なる地域の独自性をアピールする必要が生じる。旅程に組み込まれるためには，各々の場所はそれがユニークであることによって人々の注目を集めるような際立った特徴によってマークされなければならない。ツーリストを呼ぶためにアピールすべきユニークさをもたない地域では，それらが「創造」されるか，ごくありきたりのものが取り上げられ，「エキゾチック」なものとして呈示される。そこには，地域や国家の文化的イメージが国際市場に出される方策としてのツーリズムが存在する。

　近年，ツーリストのために形成されたイメージを基にアイデンティティが形成される現象が広く見られる。アイデンティティは，人の移動による相互作用が生じる場所において顕著である。ツーリズムはその地球的規模における広がりとともに，アイデンティティの形成と深く関わる。それは，国際ツーリズムのレトリックにおいて，アイデンティティは見つけられて，守られなければならない重要なものとして存在し，ある集団のアイデンティティが国際市場の要

求に合うように固定化される傾向を示している。

　ツーリストのまなざしを受けることにより，アイデンティティが他の地域や国との差異をマークするものとして捉えられる現象には，文化的アイデンティティに対するツーリズムの作用が文化的差異の商品化として示される。それは，たとえば，シンガポールの多文化主義国家としてのイメージが，ツーリズムというコンテクストにおいていかに「創造」されていくかについて分析したリョングの研究に見られる（Leong 1989a, 1989b, 1997）。彼は，シンガポールにおける様々なエスニック・グループが，政府発行のガイドブックやパンフレット類において，「華人」，「マレー人」，「インド人」，「その他」の四つに分類されている点に注目する。そして，たとえば「華人」についてみれば，その言語や出身地別に16のカテゴリーに分類することができることをあげ，単純に四つに分けられたグループ内のエスニシティの複雑性について指摘する。そして，彼は，共存するエスニック・グループの多様性が国家のアイデンティティとともに，新たな国家形成のためのセールス・ポイントとなっているシンガポールにおいて，エスニシティの複雑性が四つの大きなグループに要約され，それが国際市場に出されるのは，平均三日以内である外国人ツーリストの滞在に合わせて文化や伝統が「創造」されているからである，と述べる。

　国家の文化政策と観光開発との密接なつながりは他の地域においても見られるものであるが，それは国家政策としての観光開発が文化表現の装置となることであり，文化産業としてツーリズムが捉えられることである。国家によるツーリズム振興のプロセスにおいては，ホスト社会，ツーリスト，観光産業，メディア産業など，さまざまな要素が複雑に絡み合うことによって伝統や歴史や文化が表象される。たとえば，国際的に有名な観光地として知られるバリ島の文化とツーリズムとの関係に関する研究には，バリ島の文化に対する外国人ツーリストのまなざしが文化変容の重要な要因となり，バリ島の文化がツーリズムを通じてアイデンティティの形成と深く結びつくプロセスがつぎのように示されている（Picard 1993, 1995, 1997）。

　バリ島は，画，旅行記，写真，映像などによって広く海外に知られるように

なるとともに，そのイメージは多くのツーリストを魅了する。その文化的イメージの重要さに気づいたインドネシア政府がバリ島をインドネシアにおける主要な観光地として選ぶ。バリ島は観光産業の注目する場所となることによって，島の文化は保護され，振興されるべき対象となる。このような状況のなかで，バリ島の人々は，海外におけるバリ島の文化の知名度や経済的重要性を利用しながら，インドネシアにおける自己のエスニック・アイデンティティをツーリズムという場において誇示するようになる。そこには，島を訪れる外国人ツーリストのバリ島文化に対する賞賛がバリ島の人々にアイデンティティを意識させるきかっけとなり，島民のアイデンティティの強化が促されるというプロセスが示されている。バリ島のブランドになった文化は，競争が厳しい国際市場において際立った商品として注目を集めることにより，バリ島のアイデンティティ・マーカーとなったが，それは，島民に多民族国家としてのインドネシアにおける特別なエスニック・グループとしての特性を与えている。

　この研究がツーリズムと文化変容との関係を分析したものとして注目されるのは，その視点がバリ島の文化に与えるツーリズムの影響の正負ではなく，バリ島の文化形成に対するツーリズムの関わりかたに向けられているからである。この事例は，前近代的であるひとつの地域文化（それを「呈示する」バリの人々というアクター）が，国際ツーリズムという近代システムのなかで，外国人である観客に対して「自己呈示」を行うことにより，地域文化がグローバルな広がりのなかにおいて構築されてゆくプロセスを示したものである。そこでは，バリ島の人々は，ツーリストのまなざしの対象としてだけではなく，自らが文化を呈示する能動的な存在として，さらにバリ島のエスニック・アイデンティティは，初めから存在した静的なものではなく，新たな状況に対応した動的なものとして捉えられている。それは，文化的アイデンティティが形成されていくプロセスで，文化が観光地としてのバリ島のトレード・マークとなり，「バリ島」が他の商品と区別されることを示している。このように，バリ島の文化がツーリストのまなざしを受けることによって，特徴づけられ，広く知られるようになるプロセスには，文化振興に対するツーリズムの強い関与が

見られる[18]。それは，アトラクションとなる文化のオーセンティシティがさまざまな要素の関係性によって決定されてゆくプロセスである。

このように，地域のアイデンティティは，「地域性」あるいは「場所性」という言葉によって示されるような空間において形成される。そのため，そのような空間は，マッカーネルによって示される「見どころ sight」ではなく，「場所 place」あるいは「サイト site」と表現されるほうがふさわしい。そのため，本書ではアトラクションを，

アトラクション［マーカー／空間／ツーリスト］

という三つの構成要素間の関係性を示すものとして捉える。

次章においては，ツーリストのまなざしの対象である観光対象（アトラクション）をめぐり，それを呈示する生産者側と，それを消費する側としてのツーリストが協働するための社会空間化のプロセスについて考える。そして，オーセンティシティという概念に対する検討を行うことによって，アトラクションを構成する要素間の関係性についてさらに詳しくみてゆく。

<注>
(1) ブーアスティンは，「見物 sightseeing」という言葉も「ツーリスト tourist」という言葉と同じころあらわれたものであるという。
(2) ブーアスティンによる 'pseudo-event' は，星野郁美・後藤和彦訳（1964）『幻影の時代 — マスコミが製造する事実』（東京創元社）においては「擬似イベント」と訳されているが，本書においては「擬似事象」としている。
(3) ツーリズムはツーリストによって示される「近代のエスノグラフィー」であると考えるマッカーネルは，『ツーリスト *The Tourist*』を二つのレベルにおいて読み解いてほしいという。まず，ひとつ目は，ツーリズムと「見どころを巡るという行為 sightseeing」についての解説および記述である。そして二つ目は，ツーリストをオーセンティシティを希求する近代の人々のメタファーとして，つまり，近代という時代が抱える問題を映し出す存在の象徴として捉えることである。
(4) マッカーネルは，ツーリストの有機的な結合としての「社会的連帯」を生むツーリズムという構造を近代意識との関わりにおいて考察した。

(5) 彼が考える「見どころ (sight)」とは，自然や文化など人為的な操作によって変化が可能な対象である。
(6) この「モデル」は，ゴフマンが「～のためのモデルであって，～のモデルではない」（Goffman 1974: 41) というところの「モデル」である。
(7) マッカーネルはつぎのように述べる (MacCannell 1976: 24)。「集会は人が対面的相互作用を行う社会的状況だが，ひとつの媒体である。また，テレビ，ラジオ，映画，テープなども，同様に媒体である。媒体は文化体験を構築するうえで，ある意味で共犯しているが，道徳的にみると，中立的ないしは無関心である。ひとりひとりの「個性」やファッションそして行動のためのさまざまなモデルは，たとえば映画によってもたらされる。しかし，そこに見られるわざとらしいそぶりや気取った態度，衣装その他の様子が，流行を商売のためにつくり出そうとして，視聴者に呈示されているのではないか，と疑われるなら，その流行は失敗となろう。個々人がそのようなトリックを見通せるということが，近代社会の成熟度を示す指標である。事実がどうあれ，媒体はたとえ影響があるにしても，まったく関わりがないようにみえねばならない」。
(8) マッカーネルからの私信より。
(9) マッカーネルは，「近代における国家の枠をこえた見物という行為 (sightseeing) には，独自の道徳的構造が見られる。それは，ある見どころはかならず見なければならない，という集合的感覚である」として，それを「ツーリストの儀礼的態度 (ritual attitude)」と呼んだ (MacCannell 1976: 42)。
(10) マッカーネルとは逆に，ツーリズムはアトラクションというシステムではない。つまり，ツーリズムは「アトラクション」と「ディストラクション (distraction)」のシステムである，と述べるシュドソンは，ツーリズムとはどこかを目指すのではなく，逃れるために移動することであり，何かに関わるのではなく，逃避することであると考える (Schudson 1979: 1252-1253)。つまり，彼は，観光を目的とした旅行を行うことによって，人々は意味のあるアトラクションの代わりにディストラクションを得ることができる，と考える。そして，ツーリズムはアトラクションとディストラクションを両極とした空間に存在すると考える彼は，マッカーネルが考えるツーリズムはまなざしを向ける対象を必要とするツーリズムであるが，その対極に位置するのはまなざしをそらすことである，と述べる。
(11) マッカーネルによるツーリズム分析は，社会構造的分化を基盤としており，ゴフマンによって示された「表舞台」と「裏舞台」による区別を取り入れ，それをマルクス主義理論や記号論，さらにはエスノメソドロジーへと関連づけようとした。ゴフマンの表と裏のダイコトミーを使ったマッカーネルのツーリズム研究の枠組みは，ホスト・ゲスト間におけるインタラクションのミクロ・レベル的な分析から制度的構造のマクロ・レベル的検証にまでその範囲が及んでいるが，それはオーセンティシティとイン・オーセンティシティという表と裏の境界呈示のプ

⑿　マッカーネルによる「舞台化されたオーセンティシティ」という概念に対しては，すべてのツーリストがオーセンティシティを求めているわけではないため，現代社会におけるツーリズム現象のすべてを包括できるほどの分析力をもっていない，という批判が見られる（たとえば，Cohen 1979a, 1979b, 1985a; Schudson 1979; Urry 1990a; Crik 1989 を参照）。

⒀　アーリは，つぎのような四つの点を取り上げている（Urry 1995: 1-2）。1，場所は消費の中心として，さらには，モノやサービスが比較され，評価され，購入され，そして使用されるというコンテクストにおいて，ますますリストラクチャーされる傾向をもつ。2，場所そのものが，とくに視覚という面において消費される。ここで特に重要となるのは，ビジターと地域住民の両方に対するさまざまなサービスの提供である。3，場所は文字通り消費されるが，人々がその意義を認める場所（たとえば産業，歴史，建造物，文学，環境など）は，繰り返し使用されることによって消耗される。4，場が文字通りすべて消費されるということは地域がみずからのアイデンティティを消費することであるが，このような現象は，訪問者とそのまなざしの対象となる地域の人々が共にアイデンティティを消費することである。その結果，地域における活動が誘発され，社会的および政治的な動きに保護団体の活動なども加わることによって，リピートするという旅行パターンや場所を巡る人々の動きも誘発される。

⒁　ファンタジーや想像から生まれたディズニーのテーマパークは，オリジナルが存在しないため，それが本物か偽物かを問う対象とはならない。そのため，このような場所におけるツーリストの経験は，ポストモダンという視点からオーセンティシティを論じるさいの格好のテーマとして，モダン（近代）との比較において語られる。

⒂　若林は，「伝統的な都市がそうであったような道徳的な価値や規範的な意味をもつコスモロジーや世界観を形作っているのではない」（若林 2003: 276）と表現する。

⒃　ステレオタイプ化は構造が機能的であることが重要となる。ステレオタイプ化は，小川によってつぎのように表現されている（小川 2003: 301）。「……境界を象徴的に固定することによって，それを閉鎖し，そこに含まれてないものを排除することによってその物理的かつ心的空間の意味を維持することであるが，それは必然的に象徴的あるいは社会的な秩序の維持に関わっている」。

⒄　マッカーネルはその例としてドイツのグーテンベルク博物館を挙げ，そこでは当時のグーテンベルクの聖書が特別な照明のもとに展示されている，と述べる（MacCannell 1976: 45）。

⒅　その密接な結びつきについては，「商品」としてのバリ島の文化が強調されることによって，住民は促進される文化的イメージから抜け出せない状況であることが指摘されている（Picard 1995: 61）。

第3章
アトラクションとオーセンティシティ

1　オーセンティシティはどのように決められるのか

　マッカーネルは，オーセンティシティ（真正性）とはツーリズムの文化的構造に対する人間の実践的行為から生まれ出るものであり，観光対象そのもののなかに実在するわけではない，と考えた。そして，ツーリズム文化の「聖化」作用は，ツーリズムの経験が「本物」であるかどうかによって決定されるものではなく，それを解釈する文化の構造（あるいはそれを作り出す人間の日常的実践）にあることを示した。彼がツーリズム構造を示すために用いたオーセンティシティという用語は，ツーリズムの社会学的分析におけるキーワードとなった。しかしながら，オーセンティシティは，ツーリスト経験のオーセンティシティ（オーセンティックな経験）と観光対象となるアトラクションのオーセンティシティという二つの異なるコンテクストにおいて混同して使用されることが多い。
　ツーリズムにおけるオーセンティシティとは，社会的に構築されたものであり，それはツーリスト（みる側）自身により大きく異なる，と考えるコーエンはつぎのように述べる（Cohen 1988b）。オーセンティシティとは，マッカー

ネルが考えたように，ツーリストがオーセンティックな体験をするかどうかではなく，ツーリストが自分の観光体験にどのようなオーセンティシティの意味を与えるかにより決まるものである。ツーリストは，それぞれ異なる意味におけるオーセンティシティを求めているのであり，その感じかたもツーリストによりそれぞれ異なる。したがって，自己の観光体験とオーセンティシティとの関わりをそれほど強く求めないツーリストが「オーセンティック」であると感じるものは，自己の観光体験とオーセンティシティとの関わりを強く求めるツーリストにとっては偽物であることを意味する。オーセンティシティとは社会的に構築された概念であり，その社会的意味は与えられるものではなく，「決められるもの」である[1][2]。

このように考えるコーエンは，ディズニーランドのように，明らかにツーリスト用とわかるものが，時が経つにつれてオーセンティックな文化の現れであると広く認知される可能性があると考え，「創発的オーセンティシティ emergent authenticity」という概念を示した（Cohen 1988b: 380）。それは，文化や伝統に対するツーリズムの影響を考察するさい，オーセンティシティとは静的なものではなく動的なものである，という考えかたに基づくものであり，今日「演出されている」アトラクションが「オーセンティック」なものに変化する可能性を示唆するものである。コーエンは，ツーリスト用につくられる「人工的」アトラクションを象徴するディズニーのテーマパークが，今ではオーセンティシティであると広く認められていることに触れ，「人工的」アトラクションが「自然な」アトラクションの代わりとして一般的に認められるようになってきたと考える。そして，「自然」から「人工的」アトラクションへの人々の関心の変化をポストモダン的な特性として指摘し，人々が遊び心に満ちた性向を持つことをあげている。

彼は，ディズニーのテーマパークのような明らかにオーセンティックではないアトラクションが多くの人々を引き付けていることについて，つぎのように考える（Cohen 1985a）。「娯楽型」ツーリストは，たとえアトラクションが偽物と分かっていても，まるでそれを本物のように捉えることによって，その幻

想を楽しんでいる。彼らはそれをオーセンティックなものとして受け入れることを観光体験のひとつと考えている。しかし，このような状況を成立させるには，その場の登場人物すべてが幻想を信じる振りをする必要がある。このように考えるコーエンは，ディズニーのようなテーマパークにおけるツーリストの経験を，オーセンティシティに対するこだわりが少ないポストモダン・ツーリストの経験として示している（Cohen 1995）。

　マッカーネルとコーエンによって示されたオーセンティシティという概念を基に考察を進めるワンは，オーセンティシティを求める近代のツーリストが演出された表側から本当の裏側へ入り込みたいという願望をもつのに対して，ポストモダンのツーリストは対象をどのように認識するかが問題ではなく，審美的な楽しみを求める，と考える（Wang 1999）。彼は，コーエンによって示された「創発的オーセンティシティ」という概念，つまり，対象がはじめは「イン・オーセンティック」つまり「人工的」であったとしても，しだいにオーセンティシティとなるという考え方を評価し，つぎのように述べる。オーセンティシティはコンテクストに拠るものであるから，対象の質は客観的に計られるものではなく，社会的に構築された結果を示すものである。対象がオーセンティックであるとみえるのは，生来的なものではなく，さまざまな要因（たとえば，信念，視点，力など）によって，そのように構築される，つまり決められてゆくのである。オーセンティシティはコンテクストに拠って決定されるのであり，それは人の願いの投影，さらには観光対象への期待でもある。この意味において，ツーリストが求めるのはシンボリックなオーセンティシティである。多くのツーリストが求めるのが社会的に構築されたシンボリックなオーセンティシティである場合，オーセンティックであるとツーリストによって経験される観光対象は，それがオリジナル（現実）として存在するからではなく，オーセンティシティの記号，つまりシンボルとして捉えられる。そして，それは，ツーリストを送り出す社会によって作り出されたステレオタイプ的イメージの投射であり，マスメディアやマーケティングによって促進される。

　オーセンティシティという用語に対する捉え方が論者によって異なると考え

るワンは，観光対象に関わるオーセンティシティとツーリストの主観的な感じ方に関わるオーセンティシティとを分けて考える必要性をつぎのように指摘する。観光対象のオーセンティシティは，それがオーセンティックかどうか，またどのくらいオーセンティックなのかどうかに関わるものであったのに対して，ツーリスト個々人の感じ方は主観的であり，それは対象がオーセンティックであることとは関係なく，ただ日常世界の束縛から逃れた非日常における活動に従事することによって生じる。つまり，人々は活動や対象との関わりによってオーセンティックな自己を探すのである。この実存的な経験は，ツーリストが観光活動において得ることができるオーセンティックな経験の源となるものであり，対象に対して投影された特性とは異なり，ツーリストの活動によって活性化する自己存在感である。

　一方，対象に関わるオーセンティシティについて，ワンはつぎのように述べる。このようなオーセンティシティは，「客観的なオーセンティシティ」と「構築されるオーセンティシティ」の二つのカテゴリーに分類できる。ブーアスティンとマッカーネルによって示されるオーセンティシティは「客観的オーセンティシティ」の類型に入る。それは，彼らが考えるオーセンティシティの程度は客観的な基準によって測られるため，たとえツーリストがオーセンティックな経験をしたと思っても，もし対象がマッカーネルによって示される「舞台化されたオーセンティシティ」であるならば，オーセンティックではないからである。ツーリストは，ポストモダンの世界において失われたものを巡礼者のように探すが，ツーリストが入り込むのはマッカーネルが述べるような「舞台化されたオーセンティシティ」という装置である。「舞台化されたオーセンティシティ」という表現において用いられるオーセンティシティは，オーセンティックな「裏舞台」を探すツーリストが遭遇するツーリズム構造の説明において用いられている。オーセンティシティをマッカーネルは「感情」として，さらに「知識」として使用していることに見られるように，この場合におけるオーセンティシティは，ツーリストが近代において抱く疎外感ではなく，ツーリストの経験に関連する知識の質を指す用語となっている。そのため，オーセ

ンティシティは，たとえばツアーガイドによる文化の説明などを指す。また，コーエンはツーリストの経験の類型化をオーセンティシティを基に示しているが，ツーリストの経験はコーエンよって類型化されるように固定されたものではなく，異なるアトラクションとの関係によって変化する。そのため，オーセンティシティに対する経験は多元的であり，オーセンティシティに対する個々人の定義，経験，そしてインタープリテーションによって異なる。

　このように，アトラクションのオーセンティシティに対するさまざまな捉えかたが示されるなか，近年，地域がそれにどのように関わりを持つのか，という地域の視点から語られるオーセンティシティが注目される。マッカーネルは，「舞台化されたオーセンティシティ」という概念によって，ツーリストによる「オーセンティックな」場所や人々の消費と，それを呈示する側との社会関係を示そうとした。彼は，「舞台化されたオーセンティシティ」を観光産業を中心としてつくられる空間と捉えたが，地域住民によってもこのような空間がつくられることがある。それは，住民がビジネスとしてだけではなく，自分たちの本当の裏舞台にツーリストを入り込ませない，つまり，自分たちの生活を覗かれないためにでもある。たとえば，アメリカ・ペンシルバニア南部のアミッシュ（Amish）のコミュニティでは，アミッシュの人々が直接外部の人々との接触を避けるために「舞台化されたノスタルジア」を演出しているため，生活の場にはツーリストの立ち入りは許されていないという（Buck 1987）。このような場合，「舞台化されたオーセンティシティ」は，住民の生活空間からツーリストを遠ざける装置，つまり，住民をツーリストのまなざしから守るための緩衝策として機能する。

　「アトラクションのオーセンティシティは地域社会によって創造され売られるプロダクトであることから，それを呈示する地域社会に属し，地域社会によってコントロールされ，かつ促進される」（Gets 1994: 424-425）という表現に見られるように，地域文化とオーセンティシティの関係は，地域社会が外部の者に対して自文化をどのように見せようとするか，その局面において示される。たとえば，ニュージーランドのヘリテージ・ツーリズムに関する事例に

は，マオリの人々が自分たちが持つ資源をコントロールし，そのマネジメントへの関わりを主張するようになったことがマオリの視点から語られているが，そこには，資源に対するプロモーションやインタープリテーションにおいて，マオリのツアー・オペレーターが決めるオーセンティシティが示されている（Hall *et. al.* 1993）。このような事例は，オーセンティシティを決めるのはどこの誰であり，それはどのようにして人々に広められるのか，そのプロセスを問うことの重要性を示すものである。

　日本においては，近年，町並み保存が盛んに行われているが，このような活動もオーセンティシティの定義と再定義という視点から捉えることができる。たとえば，沖縄県竹富島の伝統的町並み紹介に欠かせない赤瓦の持つ意味について，島の町並みがどのように外部の者に提供されているかについて研究した福田はつぎのように指摘する（福田 1996）。竹富島は，「道の白砂」や「石垣」とともに，「赤瓦屋根」の島として紹介されているが，赤瓦屋の出現したのは，人頭税廃止後であり，実際に普及しはじめたのは大正期以降のことである。さらに，赤瓦の家は裕福な層に限られていた。赤瓦屋は島の近代社会への移行と富の象徴であったため，赤瓦家が大部分である伝統的町並みは過去に一度も存在しなかったものである。現在，町並み保存の中で目指しているのは，過去の再現ではなく，富の象徴としての瓦屋が並ぶ幻の姿であり，「創られた赤瓦の伝統」である。

　この事例研究には，赤瓦の持つ意味が町並み保存運動における赤瓦のイメージ戦略として捉えられている。そして，赤瓦屋のオーセンティシティは，町並み保存運動において構築されてゆくプロセスとして示されているが，それは文化財保護が文化行政を司る市町村単位の地域アイデンティティと密接な関係をもつことへの指摘である。そこには「伝統の創造」に対するツーリズムの密接な関わりがみられる[3]。

　このように，地域のアイデンティティが定義・再定義されるプロセスには，文化のオーセンティシティがさまざまな要素の関係によって社会的に構築される様相が示されている。それは，オーセンティシティの構築とその維持にツー

リズムというシステムがどのように関わっているかを示すものであり，システムとしてのツーリズムが地域文化のオーセンティシティの定義・再定義に果たす役割である[4]。

次節では，文化のオーセンティシティの定義・再定義について考えるため，ヘリテージ（遺産）のオーセンティシティをマッカーネルによって示された「聖化」という視点からみてゆく。

2　ヘリテージの「聖化」

(1)　地域や国のシンボルとしての「世界遺産」

マッカーネルが示したアトラクションとは，ツーリストにとって深い意義を持つ社会的シンボルである。そのため，ある地域の文化財や自然を地域（国）外の者（ツーリスト）が観光の対象として訪れることは，それらが地域あるいは国のシンボルとして認められることにより，人々が「行かなければいけない」あるいは「見なければならない」見どころとなったことを意味する。それ

写真3-1　世界遺産を訪ねるツアーのパンフレット。世界遺産が観光の目玉となっている。

は，ディズニーランドがアメリカ人によって行かなければならない「聖地」として存在するばかりでなく，全世界の人々にユニバーサルな影響を与えていることにみられるように(5)，地域社会のシンボルが地域の人々にとってばかりではなく，広く世界中の人々に影響を与えることでもある。

　近代化のなかで失われつつあった文化が「伝統文化」として再生されることは，ツーリズムというコンテクストにおいては「ヘリテージ（遺産）」と呼ばれる新たなアトラクションが誕生することである。アトラクションとしてのヘリテージは，地域や国家のアイデンティティの象徴としての意味が与えられることにより，「見るべき」対象としてツーリストに呈示される。ヘリテージは，各々の社会においてその文化的重要性が認識され，意義を与えられ，保護され，象徴として再生産されることによってアトラクションとなるが，そこには，アトラクションが諸要素間の戦略的な協調関係によって社会的に構築されるプロセスが示されている。ツーリズムにおいて，歴史は「ヘリテージ（遺産）」という形をとることによってアトラクションとなる。過去は国家のアイデンティティを示す象徴として人々に呈示されるが，ツーリズムという視点からみた場合，それはユニークな場所としてツーリストに対してアピールすることを意味する。

　文化遺産の公開は，1960年代の国際観光ブームにのって，国連が1967年を国際観光年に指定し，ユネスコが翌年，ボロブドールとモエンジョ＝ダロ修復を観光開発に結びつけたことから始まるという（河野 1995: 189）。文化遺産のなかでも，世界遺産はユネスコ（国際連合教育科学文化機関）という国際機関によって認められた文化遺産として，近年，とくにツーリストの関心を集めている。世界遺産登録地の多くは，登録以前からすでにツーリストに人気があったため，世界遺産登録とツーリズムとの直接的な関係について明示することは難しいが，世界遺産登録地（ヘリテージ・サイト）の多くは，その知名度を高めることによって多くのツーリストを引きつけている(6)。

　世界遺産は，「顕著な普遍的価値」をもつ「人類の宝」として，さまざまな媒体によってその重要性が謳われている(7)。旅行代理店の店頭に並ぶ多くの

ツアー紹介パンフレットには「世界遺産」の文字が並ぶ。「世界遺産の宝庫エジプト・トルコ・ギリシャ13日間」[8],「アユタヤ世界文化遺産のひとつで,かつてアユタヤ王朝の都だった街……」[9],「ガルーダ・インドネシア航空で行く世界遺産！ボロブドール遺跡とバリ島の休日6日　ジャングルに潜む世界最大の神秘！」[10],「ふれあいの旅　世界遺産探訪　ペルシャの旅スペシャル体験12日間」[11]等々。また,海外旅行専門雑誌は,「年末年始"大自然＆世界遺産"ツアー徹底ガイド」を掲載して,世界遺産ツアーを特集している[12]。さらに,このように世界遺産がブランドとなる以前には,ツアー用パンフレットには「世界遺産」という文字が見られなかった観光地のアピール方法にも変化が見られる。たとえば,オーストラリアのケアンズはその一例である。この街自体は「世界遺産」に登録された地域ではない。しかし,遺産登録地域へのアクセス地点となっていることから,ツアー用パンフレットの「ケアンズ」という旅行目的地名のうえには「世界遺産」という文字が入れられている。また,鹿児島県の屋久島は,島全体が世界遺産に登録されているわけではないにもかかわらず（登録された地域は島全体の約2割にすぎない）,「世界遺産の島」というコピーがパンフレットに並ぶ。さらに,合掌造りで有名な岐阜県白川郷は,世界遺産登録後「泊まれる世界遺産」[13]という表現によって新聞に紹介されている。

　このように,「世界遺産」は他の「単なる」観光地を差異化している。女性雑誌に掲載された特集記事のキャッチコピーには,つぎのような表現が見られる。「もう一度,修学旅行。京都の世界遺産を訪ねる——中学か高校の頃に,修学旅行で京都を訪れた人は多いはず。あの時は,友だちとのおしゃべりに夢中だったけれど,大人になった今,大好きな人と一緒に,世界遺産に選ばれた素晴らしい神社仏閣を,もう一度訪ねてみたい——」[14]。このような旅行案内パンフレットや雑誌記事のなかには,「世界遺産」とは何かについて説明されているものが多い。それは,「ボロブドール遺跡の謎を探訪　ボロブドール遺跡終日観光と解説ビデオ鑑賞！　歴史浪漫に迫る！」[15]という旅行案内パンフレットに見られるように,「世界遺産」とは解説されるべき重要な場所である

写真3-2 「第22回世界遺産委員会会議」(1998年12月)の会場(国立京都国際会館)

というその社会的重要性を示している。

　「エジプトのピラミッドとガラパゴス諸島国立公園が，あるひとつの枠組みに含まれひとつの目録に登録されていると知れば，人は驚くかも知れない。古代の遺跡とイグアナやカメの住んでいる岩だらけの島々が，旅行会社がツアーを組むこと以外にもつ共通項とは一体なんであろう」[16]。これは，ユネスコ科学担当次長補(当時)の言葉であるが，観光対象としての世界遺産の重要性を説明した言葉として捉えられる。実際，「人類の宝」である「世界遺産」はツアーの目玉商品になりつつある。

　では，世界遺産に登録されるためには，どのような基準が定められているのであろうか。

　「世界遺産条約(世界の文化遺産及び自然遺産の保護に関する条約)」は，1972年11月に開かれた第17回ユネスコ総会において採択された国際条約であり，世界中の自然遺産・文化遺産のうち，人類共通の財産であり後世に伝えるべき価値があると認められるものを世界遺産リストに登録し，加盟国にその保

第3章 アトラクションとオーセンティシティ 67

写真3-3 観光対象としての世界遺産（南米ペルー・マチュ・ピチュの歴史保護区）

護を義務づけるとともに，世界遺産委員会・世界遺産基金を通じた国際協力を進めるものである[17]。

この条約において，「文化遺産及び自然遺産の定義」はつぎのように示されている[18]。

第一条
　この条約の適用上，「文化遺産」とは，次のものをいう。
　　記念工作物：建築物，記念的意義を有する彫刻及び絵画，考古学的な性質の物件及び構造物，金石文，洞穴住居並びにこれらの物件の組合わせであって，歴史上，美術上又は学術上顕著な普遍的価値を有するもの
　　建造物群：独立し又は連続した建造物の群であって，その建築様式，均質性又は景観内の位置のために，歴史上，芸術上又は学術上顕著な普遍的価値を有するもの
　　遺跡：人工の所産（自然と結合したものを含む。）及び考古学的遺跡を含む区域であって，歴史上，芸術上，民族学上又は人類学上顕著な普遍的価値を有するもの

第二条
この条約の適用上,「自然遺産」とは,次のものをいう。
　無生物又は生物の生成物又は生成物群から成る特徴のある自然の地域であって,鑑賞上又は学術上顕著な普遍的価値を有するもの
　地質学的又は地形学的形成物及び脅威にさらされている動物又は植物の種の生息地又は自生地として区域が明確に定められている地域であって,学術上又は保存上顕著な普遍的価値を有するもの

世界遺産リストへ登録された遺産には,世界遺産紋章のマークがつけられ(図-1),つぎのように説明されている[19]。

図-1　世界遺産条約のシンボルマーク

　この紋章は,文化遺産及び自然遺産の相互的依存関係を象徴するものである。すなわちまん中の短形部分は人間によって創造された形,円は自然を表し,両者は親密に結び合わされている。紋章は地球のようにまるいが,それは同時に保護のシンボルでもある。
　世界遺産リストに登録された遺産は,世界遺産紋章のマークをつけるものとする。ただし,このマークは当の遺産を外観上損なわないような方法でつけられなければならない。

さらに,世界遺産リストへの遺産の登録を記念する記念銘板の製作に関する条文が付け加えられる[20]。

これらの銘板は関係国国民および他国からの訪問者に対し，その訪問地が国際社会から認められた特別の価値をもつものであることを知らせるためにデザインされたものである。つまり，その指定箇所は一国にとってのみでなく，全世界的に重要性をもつという意味においてひときわすぐれているのである。しかし，これらの銘板は一般大衆に世界遺産条約について，あるいはすくなくとも世界遺産の観念と世界遺産リストについて知らせるという副次的機能をもつものである。

　遺産委員会は，「銘文は，世界遺産条約および世界遺産リストとその登録によって与えられた国際的な認識について触れねばならない」として，以下の銘文を見本として提示している[21]。

　　「指定箇所名称」は，世界の文化遺産及び自然遺産の保護に関する条約にもとづく世界遺産リストに登録されたものです。このリストに登録されることは，ある文化及び自然地域が，人類全体の利益のために保護する価値のある，特に優れて普遍的な価値をもっていることを正式に認められたことになります。

　このように，世界遺産リストへ登録された遺産は，保護のためのシンボルマークが付けられ，「顕著な普遍的価値」を有するものとして示されている。ユネスコは，世界遺産リストへの文化遺産登録の基準として，「完全性」とともに「オーセンティシティ」をその条件として定めている。そのため，オーセンティシティは世界遺産として認められた文化遺産の価値を問うための基準となっている。しかしながら，文化遺産に対する捉え方は地域により異なるため，文化遺産のオーセンティシティに対する捉え方は一様ではなく，ユネスコにおいても議論の対象となった[22]。世界遺産のオーセンティシティに関する議論の中心となるのが，文化遺産である遺跡や建造物の保存修復である。文化遺産の保存修復に対しては，「死んだ遺跡」かどうかの議論[23]がある。さらに，途上国では，文化遺産の価値（文化的，歴史的，学術的，芸術的，教育的，経済的）と保存修復に対して国際援助や国際協力という側面が複雑に絡み

合う。文化遺産のなかでも，遺跡は重要な観光資源である。ユネスコは遺跡中心のツーリズムを支援していることからも，遺跡の保護はツーリズムを強く意識したものである。

　近代化と文化保存のはざまにおいて，文化遺産がどのように呈示され，どのようなタイプのツーリストがそれに対してどのような意味づけを行うのか。ヘリテージ・ツーリズムは，ツーリストに遺産の真正性や意味の探求を促す。ツーリズムと遺産の真正性との関わりは，文化遺産に対して与えられる価値を決定するそのプロセスにおいて見られる。それは，たとえば，タイの文化遺産に対する意味とオーセンティシティの構築において，国際機関（ICOMOS）[24]，政府観光庁，異議を唱える考古学者，さらにはツーリストなどが複雑に絡み合う構図（Peleggi 1996: 445）として示される。ここで重要となるのは，アトラクションの真正性それ自体ではなく，誰が真正性を与え，その場所についていかに語るのかというプロセスであり，オーセンティシティの政治性である。権威づけられたアトラクションはツーリストが多く訪れることによって，その文化的重要性がさらに高められる。そして，文化遺産として有名な場所は，外国人ツーリストのまなざしの対象としてばかりでなく，自国民のための観光対象としても注目されるようになることから，現地社会にたいしてもその重要性を認識させる装置として作用する。

　近年，ヘリテージ・マネジメントに関わるNGOの活動が活発化している。たとえば，インドにおいて，政府のヘリテージ運営に反対するNGOの活動目的は，文化のオーセンティシティや文化をめぐる政治性を人々に理解させることであるという（Alley 1992: 23）。アジア地域において見られる文化遺産の保存修復は，この地域における観光化が急速に進むなかで，文化が貴重な資源となっていることを示すものである。途上国における文化遺産の保護をめぐっては，カンボジアのアンコールワットの遺跡保存に対するユネスコの関与（Wager 1995）や，ベトナム・ハノイの文化遺産の保護に対して，ユネスコという制度的支援の役割の大きさ（Logan 1995）などが事例研究において示されている。そこでユネスコが示す関心の基となっているのが文化資源に対する

第3章　アトラクションとオーセンティシティ　　71

写真3-4　復元された「首里城」の前で記念撮影をするツーリスト（沖縄県・首里城）

マネジメントの方法であり，文化資源に対するよりよい保護と活用は地域社会や国にとってさまざまな利点をもたらすばかりでなく世界のためになる，という考え方である。

(2) マークされるヘリテージ
事例：ユネスコによってマークされた「ベトナム・フエの文化遺産」

90年代の半ば，「救おう！ベトナム・フエの文化遺産」というキャンペーンがユネスコ・アジア文化センターによって行われた。同センター発行のキャンペーン用冊子において，「フエ遺跡」と呼ばれるフエの文化遺産の紹介をまとめるとつぎのようになる[25]。フエは，ベトナム最後の王朝・阮朝（1802-1945）の都として栄えた美しい古都である。1993年にはそのモニュメントがユネスコの定める世界遺産に登録され，世界的な文化遺産として国際社会から認められたが，高温多湿の気候条件のもと，度重なる台風や湿気による傷み，白蟻の被害に加え，第一次インドシナ戦争とベトナム戦争のために，その大部分

が破損あるいは焼失してしまっている。そのため，遺跡を保護するための活動が国際援助のもとで行われている。

ベトナムではじめて文化遺産として世界遺産に登録されたのが「フエの建造物群」である。フエは，「かつてユネスコが『建築上のポエム』と賞賛した」[26]という表現によってベトナム観光用ガイドブックに紹介される観光地である。世界遺産リストへの登録申請において，「フエの建造物群」の「顕著な普遍的価値」に対する「正当性（justification）」には，フエの歴史的建造物群の独自性，ベトナム国民の豊かな創作力，国家遺産としての遺跡の重要性，遺跡の早急な保存修復の必要性，などが挙げられている[27]。また，「真正性（authenticity）」と「完全性（integrity）」に対しては，フエの建造物がデザイン，建築および装飾素材，スタイルなどにおいて「真正性」をもつものであるとしたうえで，1981年，ハノイを訪れたユネスコの事務長がフエの文化遺産救済のために国際的キャンペーンを開始したことが挙げられている。

建造年が比較的新しいことに加え，「フエの建造物群」は，建築様式の文化

写真3－5　文化遺産（世界遺産）の前でガイドの説明を聞くツーリスト（ベトナム・フエ）

的独自性という点において必ずしも高く評価されているわけではない[28]。しかしながら，ここが世界遺産リストへ登録されたのは，ベトナムを今の形に統一した統一王朝という意味で，ベトナムの歴史を象徴的に残していることが認められたからだ，といわれる[29]。世界遺産に登録されて以来，「フエ遺跡」はマスコミを通じて日本においても報道される機会が多くなった。そこでは，「ユネスコの世界遺産に登録された（されている）」という表現とともに，国際協力や文化協力の紹介が行われることが多い[30]。これらはすべて，世界遺産「フエ遺跡」のマーカーとなるべき情報である。「フエ遺跡」は，ユネスコによってはじめられた遺跡救済キャンペーンを契機として世界遺産リストに登録され，国際機関によって，「顕著な普遍的価値」をもつ文化遺産であるとみなされた。そして，国際社会において，ベトナムの文化的アイデンティティのシンボルとして捉えられることにより，ベトナムにおける「みるべき対象」として，多くのベトナム観光ツアーの日程のなかに組み入れられている。世界遺産をみるために集まってくるツーリストの集合的行動は，ヘリテージという場の社会的重要性を高めているが，それは，地域や国家アイデンティティの象徴として，ナショナリズムやエスニック・アイデンティティの強化につながる。

　世界遺産に関しては，「遺跡保存の問題が，技術的側面から地域社会や国の発展というより広い側面へ，文化財という現に存在する物から文化遺産という歴史的時間をもつより精神的なものの側面へ推移，拡大してとらえられるようになった」（河野 1995: 578）といわれる。近代において，過去の遺産を呈示するにあたり，そのプロセスに対して人々がどのような意味づけを行うかは，遺産の真正性が重要な要素となる。前述の「フエの文化遺産」は，ユネスコによってはじめられた遺跡救済キャンペーンを契機として世界遺産リストに登録されることにより，ベトナムの文化的アイデンティティの象徴となった。遺跡救済キャンペーン用冊子には，フエ保存修復センターを中心に，遺跡を保護するための活動が国際援助のもとで行われ，そこでは，丹念な歴史研究にもとづく伝統技術の再発見と，そうした手法を適用した修復作業が推進されていることが記されている[31]。また，フエ保存修復センター製作によるビデオには，

修復作業においてオリジナルに近づけるための努力がいかになされているかが強調されている(32)。このような記述や映像は，修復作業が遺跡のオーセンティシティに対する強化作用となっていることを示すものである。しかしながら，「実際には『修復』は存在しない。修復とはオリジナルに対する弁証法的関係を意味する新たな対象の創出である（MacCannell 1992: 153）」という立場から遺産の修復をみた場合，「フエ遺跡」の修復は，オーセンティシティが社会的に構築されるプロセスとして捉えることができる。

　近年，地域の独自性をアピールするためのアイデンティティ探し，つまり，地域の習慣や伝統などの掘り起こしが世界のいたるところで見られるが，その多くがツーリズムと深く結びついている。このような現象は，ある地域の特定化ではなく，一般的な地方性として分類される無数のバリエーションとして考えられる。地域の独自性を強調するこのような動きをグローバル化するツーリズムからみた場合，そこには「ローカル」と「グローバル」，あるいは「普遍化」と「特殊化」の関係が見られるが，それらの関係は弁証法的な関係をもつ。たとえば文化遺産を世界遺産という近代システムからみた場合，世界における「ローカル」な存在であった文化遺産は，世界遺産に登録されることにより「顕著で普遍的価値」をもつものとされる。そこには，地域や国における文化の「独自性」が「グローバル」な舞台において，より強められるプロセスが存在する。これは，ツーリズムを通して，個々の文化がそれぞれの地域から他の社会という場へ移行することを意味する(33)。

　世界遺産についてみると，文化の独自性や多様性が尊重される一方で，国際機関が示す「顕著な普遍的価値」という基準によって，遺産は画一性をもつことになる。近年，「伝統の再生」や「伝統の演出」が各地で見られる。近代において，伝統はツーリストのまなざしの対象（アトラクション）としてよみがえる。ツーリズムのグローバル化にともない，遺産には国際社会という枠組みのなかで新たな意味づけが行われる。世界遺産リストに登録された文化遺産は，旅行用パンフレットの「みどころ」のなかでも特別なマークが付けられる。ユネスコという国際機関によってマークされた文化遺産は，世界遺産リ

ストへの登録を経て,「世界遺産」というブランド商品として「単なる」観光地と差異化される。さらに,観光産業やメディア産業などとは異なる媒体として,ユネスコ本部事務局に直属する組織として設置された世界遺産センターでは,世界遺産に対するさまざまな啓蒙活動が「グローバル・ストラテジー」として行われている。このように,世界遺産に登録されたヘリテージは,国際機関によってその重要性が認められた場所として,その重要性はさまざまな媒体を通して人々に広くアピールされる。

　遺産(ヘリテージ)を観光対象とするツーリズム形態(ヘリテージ・ツーリズム)において,一般的に,ツーリストのオーセンティシティに対する期待度は高く,それはたとえば疑似性を代表するようなテーマパークにツーリストが期待するオーセンティシティとは対極に位置すると考えられる。ツーリストがアトラクションのオーセンティシティに対する保障を求める場合,その経験はアトラクションに付けられたラベルによって形成される。アトラクションが世界遺産のようなヘリテージの場合,それは国際機関による遺産登録という制度と結びつくことによってそのオーセンティシティが保証される。

　ヘリテージは,文化遺産に対する調査およびその評価が国際機関によって行われるプロセスを経ることによって,グローバル・プロダクトとなるが,そのプロセスにおけるヘリテージ・サイトの保存計画はツーリズムを強く意識したものである。このように,文化遺産に対する国際機関のマーキングによって,以前には関連性が無かった個々の要素が取捨選択され,さらにはそのパッケージ化が文化遺産を巡るツアーとして示される。断片化されたものをつなぎ合わせることによって行われる「ヘリテージのテーマ化現象」には,「ヘリテージ」,「ツーリズム」,「グローバル化」という三要素間における相互関連性が見られる。このような状況において,ヘリテージは,ユニークであると同時にユニバーサルであるというパラドキシカルな特性をもち,その意味や意義は再解釈・再生産というプロセスを経て人々に示される。

写真3－6　世界遺産登録地域内の合掌造りと軒先に立つ注意書き。「これより奥への立ち入りはご遠慮ください」と書かれている。（富山県・上平村菅沼地区）

写真3－7　集落（世界遺産登録地域）の入り口には「朝8時前の観光はお断り致します」という注意書きがある。（富山県・平村相倉地区）

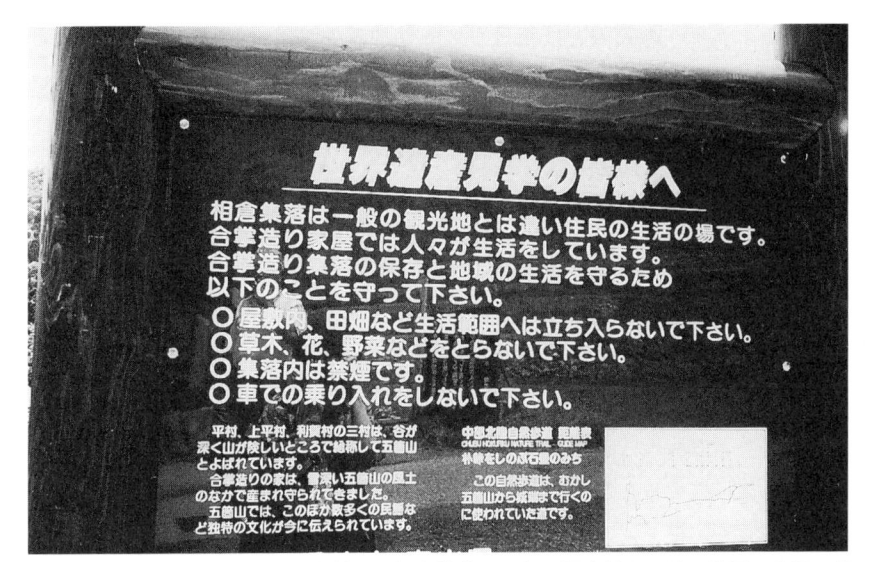

写真3-8 「世界遺産見学の皆様へ　相倉集落は一般の観光地とは違い住民の生活の場です。合掌造り家屋では人々が生活をしています。……」(富山県・平村相倉地区)

3　オーセンティシティの定義と再定義

(1) ツアー空間の「聖化」とガイドの役割

「聖化」される文化遺産は，見る側（ツーリスト）にその重要性が解説されなければならない。それがガイドという活動である。ガイドという活動を行う人は，とくにマス・ツーリズムの重要な構成要素であるツアーという設定に不可欠な存在である[34][35]。事前に旅程が決められているツアーは，ツアー参加者の移動手段や宿泊などの利用施設の関係において，人の流れを調整するという特性を持つ。ツーリストはガイド付ツアーに参加することによって，他の形態であれば得られたであろう自由と引き換えに，ツアー中は馴染みが無い環境において生じる問題をガイドが解決してくれる状況を手に入れる。ガイドは文字通り，ツーリストを導き，ツーリストと見知らぬ環境の間の仲介役となる。

そのため，ガイドの知識と技術はツアー参加者のツアー経験に影響を与えるが，なかでも観光対象のオーセンティシティが重要な要素となるツアーにおいてその影響が大きい。

　ガイドがツアー参加者のツアー経験に与える影響は大きい。たとえば，タイ北部の山岳民族を観るトレッキング・ツアー（エスニック・ツーリズム）に対する研究においては，山岳民族とツアー参加者との接触がガイドによって仲介される様相がつぎのように示されている（Dearden and Harron 1994）。トレッキング・ツアーが頻繁に行われるようになるに従い，ガイドにはもはや山岳地帯における道案内（道探し）という特別なスキルは必要ではなくなる代わりに，ガイドの演出性（たとえば服装やツアーの一行が望む対象に出会うことができるようにするなど）が重要になる。山岳民族のエスニシティを判断することができないほとんどのツアー参加者は，山岳民族のオーセンティシティをエスニックという点からではなく，ツアーの全行程における経験という点において捉えるため，「オーセンティック」な経験をしていると思わせるようなガイドのこのようなコミュニケーション・スキルはツアー参加者のエスニック・ツーリズムにおける経験創出に重要な役割を果たす。この事例研究において示されているのは，「山岳民族のオーセンティシティ」に対するイメージ形成に関わるガイドの役割である。

　ガイド付きツアー空間の「聖化」は，アトラクションの創造，さらにはその再構築に関わる。コーエンはガイドの機能をつぎのように説明する（Cohen 1985b）。まず，ガイドは「オリジナル・ガイド（original guide）」と「プロフェッショナル・ガイド（professional guide）」という二種類に大きく分類できる。オリジナル・ガイドは，ツーリズムというシステムの周辺において活動するため，その広がりを支える役割によってアトラクションの創造に貢献する。一方，プロフェッショナル・ガイドは，すでに存在しているシステムの維持に貢献する。ツーリストがプロフェッショナル・ガイドによって導かれる場所はアトラクションへのアクセスが容易であり，アトラクションはすでに認知されているため多くの人が訪れている。そのため，ガイドは新たなアトラク

ションをつくる必要がない。そして，その役割はすでに存在しているアトラクションの魅力を維持し強化することであるため，アトラクションの再構築がガイドのコミュニケーション能力を駆使して行われる。このようなコミュニケーション活動に関わる役割はつぎのような四つの要素から成る。

1．選択（ガイドがツアー参加者に見てほしくないものの操作）。
2．情報（ツーリストを受け入れる状況における観光イメージを保つためガイドが提供する情報）。
3．インタープリテーション（解説。単なる情報の伝達ではなく，訓練を受けたツアーガイドに必須なコミュニケーションに関わる要素）。
4．舞台化。

4番目の舞台化について，コーエンはつぎのように指摘する。アトラクションが「オーセンティック」であり，容易に認知できるような場合，ガイドはツアー参加者がアトラクションに対して持っている期待やイメージと実際の場所とを関連させるという特別なスキルは必要ない。しかしながら，アトラクションを「舞台化」する必要性が高まる傾向にある今日，それが職業として一般に受け入れられないような程度にまで行われることがある。

このように，「オリジナル・ガイド」の機能はツーリズムというシステムの周辺部におけるアトラクションの生産，そして，「プロフェッショナル・ガイド」のそれは，システムの中央部におけるアトラクションの再生産であると考えるコーエンは，つぎのように述べる（p.27）。観光地としてよく整備された地域とその周辺地域をツーリズムにおける中央地域と周辺地域とに分類した場合，前者は「ツーリスト用空間」によって構成されているが，そこではマッカーネルのいうアトラクションの「聖化」が見られ，オーセンティシティが演出されている。その演出性はアトラクションによってその程度は異なるが，たとえば有名な自然地域やヘリテージなどは演出を必要とせず，中心としての特性を与えられる。しかしながら，その周辺に存在し，まだ明確に認知されて

いないようなものは新たにアトラクションとしてつくられる。新たなアトラクションの創造とガイドのインタープリテーションとの関係は，マイナーなアトラクションに対するガイドの役割において見られる[36]。すでに有名である見どころと比較して，知られていない見どころは，そこがどれだけ価値があるかを強調するためにツアーガイドのパフォーマンスを必要とする。

　さらに，コーエンはガイドの役割が大きく変化していることをつぎのように説明する。アトラクションが有名になると，管理者はアクセスを制限することによってアトラクションを眺める場所を特別につくる。そのため，マッカーネルによって示された「秘蔵」というプロセスは，プロフェッショナル・ガイドの仕事に対して両価的なインパクトを与える。それは，ガイドはドラマ化されたインタープリテーションのための適当な環境を与えられる一方で，ツアー参加者に対してアトラクションのオーセンティシティを示すのが難しくなるからである。ガイドはもはや単なる見どころや情報を選択する役割から，もっと高度なインタープリテーションを行う役割を期待される。インタープリテーションに関わる要素がさらに必要となるのは，演出されたアトラクションが増えるからであるが，その結果として，そこには創作的な要素が含まれる場合も生じる。その場合，ガイドはインタープリテーションを通して，アトラクションをドラマ化して呈示することになる。「聖化」のプロセスにおいて，その演出性が効果的であればあるほど，ツーリストはそれに気づきにくいため，ガイドはアトラクションをいかに解説するか，という新たな問題を抱えることになるのである。

　コーエンが述べるこのようなガイドの役割においても，マッカーネルによって示されたアトラクションの「聖化」は制度と関わる。それは，ガイドによってアトラクションが「聖化」されることから，そのガイドが公認かどうか，さらにどこの組織において公認されているのか，という制度と関わるからである。文化を観光対象としたツアーは，ガイドがツアー参加者に対して行う解説がツアー参加者の文化体験に与える影響が大きい。そのため，ガイドの役割は地域文化の「仲介者」だけに限定することはできず，その仲介的役割には権力

写真3-9　水牛車観光の様子（ガイドは三線を弾き，歌っている）（沖縄県・竹富島）

関係が密接に関わりをもつ[37]。そのため，ツーリズムという活動において生じる社会関係に対してガイドが与える影響は文化のオーセンティシティと関わりを持つ。

(2) オーセンティシティの呈示設定

ガイドは文化の呈示において大きな役割を果たすが，そのオーセンティシティを決める大きな要素がツーリストの存在である。オーセンティシティを定義・再定義するのはツーリスト用装置としての表・裏舞台ではなく，ツーリストとホストとの関係である（Pearce and Moscardo 1986; Pearce 1988）という考え方や，ツーリストの経験は，第三者によってそれがホスト社会の文化にマッチしているかどうか判断されることによって決められるのではなく，ツーリストがその体験を本物と感じることに拠る（Gottlieb 1982）という考え方は，オーセンティシティの定義と再定義に対するツーリストの存在を大きく意

識したものである。

　では,ツーリストが求めるオーセンティシティとは,一体どのようなものであろうか。たとえば,ハイチにおけるヴードゥーという民族ショーにツーリストが求めるのは,民族学的な意味におけるオーセンティシティではないものの,単なる娯楽的なものではツーリストが満足しないこと,そしてそれはショーを見る側によって異なる解釈の複雑さによることが報告されている(Goldberg 1983)。多くの観光地において提供されている民族ショーは,ツーリストの文化体験のための重要な機会となっている。このような民族ショーにおけるオーセンティシティに対しては,これまで,学術的な視点から,さらには,「観るもの」と「観られるもの」との二項対立的な関係を基に批判的に語られることが多かった。しかしながら,このような民族ショーのオーセンティシティが地域住民のアイデンティティと深く関わるそのプロセスを住民の自己呈示という視点から捉えることによって,オーセンティシティの定義と再定義が論じられる傾向が近年見られる。

　ニュージーランドのマオリ・アイデンティティのイメージを通して,ツーリスト用民族ショーのオーセンティシティについて考察したテイラーはつぎのように述べる(Taylor 2001)。一般的にホテルなどで行われているショーにおいては,ツーリストと演じる側との間にはパーソナルな接触がないことから,そのパフォーマンスはステレオタイプ的なものとして捉えられてきた。しかし,近年,マオリによるツアーオペレーターが増えることによって,このような民族ショーに対する捉えられかたに変化が見られる。それは,ツーリストがこのような民族ショーに対して示す関心の高さであり,オーセンティシティに対する期待である。そのため,これまで文化的価値を脅かすものとみなされることが多かった民族ショーは,それを観るツーリストの関心の高さがポジティブなものとして捉えられる傾向にある。

　地域のオペレーターによって主催される,マラエ(marae)と呼ばれるマオリの村への訪問をいわば「舞台化された裏舞台」と表現するテイラーは,そこにおけるツーリストと演技者との接触には「誠実さ」と「オーセンティシティ」

という二つの概念が関わることをつぎのように説明する。「誠実さ」とは，そのような接触形態において，双方が経験を分かち合うことを意味する。それはツーリストと「アクター」が「途中で出会う」ように「誠実な」文化体験が促進されることであり，オーセンティシティは地域の価値という点においてポジティブに再定義される。そのため，そのような価値は「オーセンティックな対象」にではなく，インタラクションを生じさせる場所に存在するものとして捉えられる必要がある。「オーセンティシティ」という概念の基本となるのは，主体と客体，さらに場所や時間の違いに見られる弁証法である。ツーリズムに関わるマオリにとって重要なのは，コミュニケーションによって生じる価値を自らにとってプラスとして認識することである。この意味において，「誠実さ」は新たな関係性を創出するためにオーセンティシティに代わるものとして重要である。

　このような考えかたは，ツーリストの文化体験に関わるオーセンティシティが民族ショーを「観るものと観られるもの」，つまり「文化を呈示する側とされる側」双方の歩み寄り（交渉）において決められるものであることを示すものである。それは民族ショーを主催する地域の文化的価値の再定義であるが，そこでは双方が歩み寄るような設定が重要となる。前述の事例の場合，その設定（しかけ）は地域のオペレーターによって作られていた。そのようなインタラクションが生じるような設定において，ツーリストは地域文化のオーセンティシティ，つまりその強・弱の程度を決めるプロセスに関わる。

　次章では，オーセンティシティがツーリズム・プロダクトのなかに組み込まれることによってマス・ツーリズムのプロダクトと差異化される新たなツーリズム形態を「環境」というキーワードによって捉え，アトラクションを維持するシステムについて考える。

<注>
(1)　マッカーネルによって示されるオーセンティシティを希求するツーリスト像を批判する一人であるコーエンは，マッカーネルによって呈示されたオーセンティ

シティという概念を基に，多様なツーリスト像の類型化を行った（Cohen 1979b, 1988a）。彼は，ツーリストをその体験により，「娯楽型（recreational）」，「自己満足型（diversionary）」，「経験型（experiential）」，「体験型（experimental）」，「実存型（existential）」の五つのタイプに分類している（Cohen 1979b）。この類型化からは，ツーリストのオーセンティシティに対するこだわりの程度をタイプ別にみることができる。まず，「娯楽型」は娯楽を求めるツーリストで，旅行に自己実現や自己開発などといった深い意義を見つけようとはしない。そのため，このタイプのツーリストはオーセンティシティとは無縁の存在である。「自己満足型」は，「娯楽型」に類似するものの，レクリエーションを強く求めるのではなく，日常生活からの逃避を求めている。「経験型」は他者の生活にオーセンティシティを求め，これまで見たことがない風景や人々の暮らしぶりに引き付けられるが，そのような生活に関わろうとは思わない。「体験型」は文化人類学者に類似し，ある特定の社会に一時的に参与してさまざまな体験を望むが，あくまでも一時的であり，自分の日常世界と比較することによって良いほうを選択しようとする。「実存型」は巡礼者に類似し，日常の時空を超えるところにこそ「本当の」世界があると信じ，そこに対する精神的な関わりを強く求める。このタイプのツーリストは五つのタイプのなかで，オーセンティシティに対するこだわりが一番強いとされる。コーエンはこの五つのタイプのツーリストのなかで，「娯楽型」はブーアスティンのツーリスト像に，そして「経験型」はマッカーネルが考えるツーリスト像に類似する，と述べる。コーエンはつぎのように考える。五つのタイプのなかで中間に位置する「経験型」は，疎外された現代社会に生きる人々のメタファーとしてマッカーネルが考えるツーリストである。このようなツーリストがオーセンティシティを強く求めるタイプに属していないのは，このタイプのツーリストはオーセンティシティを希求するものの，対象とは距離をおくことによって，対象とは決して一体化しようとは思わないからであり，マッカーネルはツーリストを巡礼者に例えているが本当の巡礼者タイプは「実存型」である。

(2) コーエンは，マッカーネルによって示された「舞台化されたオーセンティシティ」に対して修正を加え，つぎの四つのステージを呈示している（Cohen 1979c: 26）。1 オーセンティックな（客観的にみて本物の），2 舞台化されたオーセンティシティ（ツーリスト用スペースであり，ツーリスト自身にはわからない），3 オーセンティシティに対する否定（本物であるかもしれないが疑わしい），4 用意された設定であり，オリジナルではないとわかるもの。

(3) 森田は，外部から流入してきた「伝統文化」という概念を「地域の人々が戦術として操作しながら生活実践としてうまく取り入れて自分たちのものへと練り上げていった過程」（森田 1997: 53）と述べるとともに，伝統と赤瓦の屋根の保存に対しては，住民による言説の違いがあることを指摘している。

(4) 国立公園という近代的な制度が，ローカルなものをナショナルな風景地に規律

するひとつの契機となったことを指摘する荒川は,「文化財が日本文化のオーセンティシティとして確立したときに,そこに観光というシステムが介在していた」(荒川 1995: 798) として「この一連の経緯は,日本文化のオーセンティシティというひとつのフィクションを創り出す過程にほかならない」(p.804) と述べる。
(5) 能登路雅子 (1990)『ディズニーランドという聖地』(岩波新書 132) を参照。
(6) 2005 年 7 月の時点で,世界遺産リストに登録された文化遺産は 628,自然遺産は 160,複合遺産は 24 の総計 812 であり,これらの世界遺産を持つ国は 137 カ国となっている。
(7) たとえば,「それは,かけがえのない地球の記憶」というコピーで始まるテレビ番組「世界遺産」(TBS 系列にて,1996 年 4 月より放映が始まった) が放映されたり,世界遺産登録地の紹介ビデオも数多く販売されている。
(8) 阪神航空「フレンドツアー エジプト トルコ ギリシャ アフリカ」'97.9〜'98.3, p.17。
(9) 阪急交通社「アジアの街々」'97.10〜'98.3, p.28。
(10) 日通旅行 MIND「ガルーダ・インドネシア航空で行く 世界遺産!」'97.4 月〜9 月。
(11) 近畿日本ツーリスト「ふれあいの旅 世界遺産探訪」イラン航空創立 35 周年記念特別共同企画。
(12) AB・ROAD (エイビーロード),リクルート発行,1997 年 11 月号,pp.38-47。
(13) 「『泊まれます』世界遺産登録へ」『朝日新聞』(1995 年 12 月 6 日)。
(14) CREA (クレア),文藝春秋発行,1997 年 11 月号,pp.107-108。
(15) 日通旅行 MIND,同上パンフレット。
(16) (財) 日本自然保護協会 (1991)『世界遺産条約資料集』日本自然保護協会資料集, No. 27, p.28。
(17) 同上 p.41。
「文化遺産及び自然遺産の国内的及び国際的保護」に関する条文はつぎの通りである。
 第四条
 締約国は,第一条及び第二条に規定する文化遺産及び自然遺産の保護で自国の領域内に存在するものを認定し,保護し,保存し,整備及び将来の世代へ伝えることを確保することが第一義的には自国に課された義務であることを認識する。このため,締約国は,自国の有するすべての能力を用いて,並びに適当な場合には取得し得る国際的な援助及び協力,特に,財政上,芸術上,学術上及び技術上の援助及び協力を得て,最善を尽くすものとする。
(18) 同上 p.40。
(19) 同上 p.82。
(20) 同上 p.82-83。
(21) 同上 p.83。

⑵ 日本ユネスコ協会連盟,『ユネスコ世界遺産1996』(1997年)21ページを参照。「世界文化遺産奈良コンファレンス」(1994)において,文化遺産のオーセンティシティについて議論された。

⑶ 河野(1995: 480-481)を参照。遺産のオーセンティシティに対する考えかたは,遺産を静的ではなく動的なものとして捉える立場と類似する。

⑷ 国際記念物遺跡会議。1965年に発足した国際的組織で,文化遺産に対し,調査にもとづいて専門的評価を行い,世界遺産委員会に協力する。

⑸ (財)ユネスコ・アジア文化センター発行「救おう!ベトナム・フエの文化遺産」(1994年)およびキャンペーン用パンフレット。世界遺産登録リストには「フエの建造物群」とあるが,この救済キャンペーン用冊子には「フエ遺跡」として紹介されている。

⑹ サイゴンツーリスト・トラベル・サービス発行の『ベトナム・プログラム1996』(日本語版)より。『地球の歩き方 ベトナム '96～'97年版』(1996年,ダイヤモンド社,p.96)には,「かつてユネスコのアマドウ・マボウ氏はフエを『賞賛すべき建築上のポエムである』と語ったが,その言葉はズバリとこの町を言い表している」とある。

⑺ The Vietnam National Commission for UNESCO (1992) Nomination Form of Hue Monuments —Vietnam, p.31.

⑻ 小倉貞夫(1997)「フエ」『月刊しにか』(特集 ベトナム小百科)通巻89号, pp.38-39。

⑼ 『アジア・太平洋地域文化視察団 VIETNAM 世界遺産フエと国際協力の旅 REPORT』(1997) p.7。

⑽ たとえば,「現地の技術使って文化財修復 ベトナムの古都・フエの皇陵 日本と共同で研究・出資・作業」『朝日新聞』1998年4月14日(夕刊), p.5。

⑾ 財団法人ユネスコ・アジア文化センター(1994)『救おう!ベトナム・フエの文化遺産』pp.27-28。

⑿ 英語版ビデオ Hue, The Ancient Capital: Prelude (1996) The Preservation Center of Hue Vestiges。

⒀ 近年,「グローカル」という表現がよく使用される。「グローカル」とは,「地球的・世界的であると同時に,地方的でもあること。globalとlocalの合成語。」とある(『イミダス』1998～2001及び2003～2004での説明)。

⒁ シュミットは,ガイドの役割をシャーマンのそれに類似したものとして捉えている(Schmidt 1979)。

⒂ アーリはガイドをつぎのように表現する。「ガイドはインタープリターになりつつある。彼らはガイドという言葉が示すような狭義における文化の翻訳者ではなく,異文化の視覚,聴覚,味覚,そして感知を仲介することによって,ツーリストの異文化体験を促進する役割を持つ」。

(36) ガイドがツアー参加者に与える影響力は，つぎの二つの事例に示されている。ひとつは，イギリスの歴史博物館において行われるガイドの役割についてである。マイナーなアトラクションに対するガイドの役割について述べるファインとスペアは，マッカーネルによって示された「聖化」のプロセスをそれほど有名ではない博物館におけるガイドのパフォーマンスに応用し，観光対象が構築されるプロセスにおけるガイドの口頭によるパフォーマンスの重要性についてつぎのように述べている（Fine and Speer 1985）。マッカーネルの「聖化」のプロセスでは，口頭という役割が無視されているが，ガイドだけではなく，ツーリストによってもパフォーマンス（たとえば，ガイドの話に関連して，自分が経験した他の場所の話をするなど）が行われる。そして，唯一，口頭という役割には関わらない「聖化」のプロセスが「機械による複製」であるが，印刷されたパンフレット類がアナロジー的にその役割を果たしている。しかしながら，パンフレット類は「秘蔵」に関わらないため，ガイド付ツアーに参加せず，自分で博物館を見て回る人々は，見どころを見る（sight-seeing）という儀礼のための重要な機会を逃してしまっている。

(37) ガイドの役割を地域文化の「仲介者」だけに限定すると，ガイドするという行為に見られる政治的な構成要素を見過ごすことになることが指摘されている（Dahles 2002）。

第4章
＜環境アトラクション＞のマネジメント

1　＜オルタナティブ＞というプロダクトの創出とその持続性

　近年，環境に対する関心が高まるなか，地域におけるアトラクションの発展プロセスが環境との関わりにおいて注目されている。人が入ることによって環境が破壊されるという言説にも見られるように，ツーリズムは自然を破壊する大きな要因として捉えられることが多い。それは，マス・ツーリズムによって引き起こされた社会・文化的および環境的ネガティブなインパクトに対する指摘としてこれまでさまざまな所で取り上げられてきたものである。しかしながら，環境はツーリズム・プロダクトの核として，人を引き付けて魅了する観光資源そのものであることから，環境を維持することはツーリズムという活動を維持することでもある。そのため，環境に関わるアトラクション（本書ではそれを＜環境アトラクション＞と呼ぶ）を提供する側は，アトラクションの物理的な環境を維持すると同時に，ツーリストのレジャー経験の質を保証するという新たな問題に直面することとなる。

　＜環境アトラクション＞は，地域におけるマス・ツーリズムの発展プロセス

写真4-1 世界遺産登録地域の境界を示すサイン（世界遺産条約のシンボルマークが付けられている）（オーストラリア・タズマニア）

とは異なるプロセスを必要とする。地域におけるマス・ツーリズムの発展とは，マッカーネルの「聖化」作用というプロセスによって示される。それは，ある場所の価値が外部の者によって見出されることによって，そこが有名になるにつれ多くの人々が訪れ，ツーリストを受け入れるシステムが整うようになると，その場所の価値を見出した人びとは新たな場所を探すためにその場を去る，というプロセスである。このプロセスにおいて，アトラクションを中心とした空間の価値基準となったのがオーセンティシティである。アトラクションの発展は，「観光化」という表現によって示されるが，これは「俗化」という表現の同意語として使用されることが多い。このような表現は，アトラクションのオーセンティシティが失われ，ツーリズム空間の価値が経済的価値によって決められることを意味した。

しかしながら，リサイクルや省エネルギーなどに対する社会の関心が高まり，新たなプロダクトやサービスが登場する社会の流れとともに，ホリデー経験に対してもその生産と消費のマス化に対する問い直しが行われるようにな

第4章　＜環境アトラクション＞のマネジメント　91

写真4－2　世界遺産登録地域のビジターセンター内に展示されているゴミのケース。ケース上部には「あなたはこれを落としていっていませんか」と書かれている。（オーストラリア・タズマニア）

る。そして，「オルタナティブ・ツーリズム」あるいは「サステイナブル・ツーリズム（持続可能なツーリズム）」という新たなプロダクトが登場する。新たなプロダクトは，専門分野を扱う旅行関連のスペシャリストやマス・マーケットに対するカスタマイズ化された個人マーケットの増加に見られるように，自らを従来の旅行会社と差異化しようとする旅行会社によって，人類学，考古学，生態学，さらには科学的な特性をもつツアーとして提供される。環境に対する関心の高まりを背景として，文化を理解し，環境にやさしい，ソフトで責任ある，適切かつ新しい（オルタナティブな）形態のツーリズムが促進される傾向を，環境が社会・文化的要因の上に置かれるようになったと表現するムン

トは，これをポストモダニティにおける持続性というディスコースとして捉えた（Munt 1994）[1]。

「マス・ツーリズムの対象となる観光地の喧騒から離れ，地域の人々の暮らしに直接触れるなど，従来のツーリズム形態とは何か異なる社会経験を約束するものである」（Smith, V. and Eadington 1992），といわれる「オルタナティブ・ツーリズム」は，80年代の後半，紀行文のライターたちによってその名称が積極的に用いられ，それがビジネス関係者によって新たなマーケットとして構成される。そして，エコツーリズムというツーリズム形態にみられるように，観光行動に対するひとつのコンセプトとしてのオルタナティブ・ツーリズムは，90年代になって広告用の用語として頻繁に登場するようになった。このようなツーリズム形態に関心を示すツーリストが増えるということは，オルタナティブな（「新たな」あるいは「マス・ツーリズム用ではない」）アトラクションが増えることを意味するが，そこには，ツーリストに新たな経験を提供することによって，絶えず新しい状況に適応していく観光産業の戦略が見られる。

ヒィヤラガーは，新たに登場したツーリズム形態は，「緑」の商品やサービスがリサイクルや省資源などとともに社会の関心事となったことを背景として，行政側の環境保護と公共のレクリエーション用施設提供の必要性を喚起するとともに，観光産業をも維持していると指摘し，そこにはこのようなツーリズム形態の促進役として新たな経験を求めるツーリストがいる，と考える（Hjalager 1994, 1996）。

彼女はこのような動きを環境に関わるイノベーションとして捉え，それをつぎのように三つに分類した。

1．プロダクトのイノベーション（自然や景観の構築・再構築やエコツアーのような特別な目的をもつツアーなどに見られるマーケティングやサービス提供を通じた自然資源の商品化）。
2．プロセスのイノベーション（省エネルギーなど）。
3．マネジメントのイノベーション（スタッフ，地域住民，そしてツーリス

第4章 ＜環境アトラクション＞のマネジメント　93

写真4-3　メディアによって媒介される自然（北海道・大雪山国立公園内）

トを環境問題に関わりを持たせるようにすること）。

　彼女は，マスへの対応からフレクシブルな対応を求められる観光産業のイノベーションの重要な特性として演出性を挙げている。それは，パッケージ・ツアーが個々の客の要求に合うようにオーガナイズされる傾向に見られるように，サービス・セクターに属する観光産業のイノベーション・プロセスは商品化と新たな需要，さらには新たな要求を満たす必要がある，と考えるからである[2]。

　ヒィヤラガーが示すこのようなイノベーションは，観光開発のなかでアトラクションをどのように構築あるいは再構築してゆくかというプロセスを指す。このようななかで，新たなツーリズム形態として注目されるのがヘリテージ・ツーリズムやこれから述べるエコツーリズムである。これらのツーリズム形態は，オルタナティブなアトラクションの構築という点からマス・ツーリズムとの対比において語られることが多いため，ツーリズムにおける「緑化」のシン

ボル的存在となっている。しかしながら，たとえば，エコツーリズムに対しては，つぎのような指摘が見られる。「エコツアーというプロダクトを購入することによって何を得ることができるのか」，「環境に対するインパクトはどのようなものなのか，もし違いがあるとしたら他のプロダクトとどのように異なるのか」，「持続性とは，どのくらい持続することなのか」，「持続性とは，レトリックなのかそれとも現実なのか」，「エコツーリズムの発展は誰にとっての持続なのか」，「エコツーリズムは，プロダクトなのか，それとも理念なのか」(3)。

このような疑問に答えることによって，＜環境アトラクション＞をプロダクトとして提供するためには，エコシステムをアトラクションというシステムのなかに取り入れるための方策が必要となる。それは，ビジネスという実践が環境的に責任ある行為としてツーリストに受け入れられるかどうかが問われることである。ツーリズムのテキストの中にはつぎのような表現が見られる。「社会・文化・そして環境に配慮したツーリズム・プロダクトを選択しなさい……そして，ツーリストがコードを熟知し，責任ある旅行者になるように教育しなさい」(McIntosh, R. W., Goeldner, C. R. and J. R. B. Ritchie 1995: 382)。また，エコツアーのガイドブックには，「エキサイティングなサファリだが……こんなツアーはエコツアーじゃない！」という見出しとともに，「自然をうたった宣伝文句や写真に惑わされず，エコツーリズムの原則を忘れずにツアーを選ぶことが大切」などの表現が見られる(4)。エコツアーはその社会的パフォーマンスが倫理に関わるビジネス実践とされることから，オペレーターはエコツアーと他の「自然」をみるツアーとの差異を明らかにしなければならない。それを示すのが，プロダクトが依拠している資源の保護と共に産業を維持させるために必要な消費者の信頼を得る装置としての（倫理）コードである(5)。コードは産業の方向性と気づきを示すものとして，つぎのように表現されている。「コードを採用することの利点は，公的支援や信頼性が高まり，「本当の」エコツーリズムを提供することが広く認知されることにつながる。そこには，関連プロダクトに対する市場からの要求もある。コードの発展は必ずしも効果的な

実行を意味するのではなく，ただの飾りにすぎないのかどうかを問うのは適切ではない。というのは，コードは会社の運営がうまくいくかどうかその枠組みとして，会社の方向性と産業の気づきを示しているからである」(Wight 1994: 52)。

　エコツアーに関わる事業体の枠組みを定めるコードは，多くのツーリズム・プロダクトを環境関連プロダクトとして誕生させる。このようなコードは，公的・民間部門の共通したコードとしても用いられることによって，アトラクションの変化を促進する。エコツアーの提供側と地域との連携によって主催されることが多いエコツアーにおいて，参加者はツアー主催者側によって示されるツーリスト・コードを守ることを求められる。そして，ツーリスト・コードを守るための適切な方法としてツアーが推奨される。それは，「エコツーリズムの目的地となるのは自然が豊かで人口が少ない地域が多い。地域住民は自然環境に拠って生計を立てていることが多いため，そのような場所を訪れるためにはツアーという形をとるのが一般的である」[6]からである。

　エコツーリズムは他のツーリズム形態と比較した場合，エコツーリストはどう行動すべきであるかという「ゲスト側」の責任が問われることによって，社会に役立つツーリズムがどのように機能するか，そのシステムが明らかに示されるツーリズム形態である。たとえば，国立公園などにおいて定められるコードは，ツーリストの行動を規制するものである。他方，地域のヘリテージ（遺産）がアトラクションとなる空間において，コードはヘリテージ保護のために地域によって定められ，ツーリストもそれを守るように期待される。このように，コードは社会的規範として存在し，アトラクションが存在する地域における社会的コントロールとしての役割を果たす。ヘリテージ・ツーリズムは文化を，そしてエコツーリズムは自然をその対象とするツーリズムであるが，「ヘリテージ」や「生態系（エコ）」を対象とするツーリズムを成立させるための空間は，レジャー施設と同様その境界が定められる。そして，このようなツーリズム形態は，「環境」という言葉と密接な関わりをもつことによって，消費者の認識の変化やモラルの問題を含むプロダクトとして市場に出される。

そこで問題となるのは，消費者であるツーリストは＜環境アトラクション＞を認識するその基準をいかに得るかである。その基準について考えるためには，＜オルタナティブ＞というツーリズムの活動に付随するサービスを倫理という視点からみる必要がある。それは，ツーリズムが生態および地域社会に与えるインパクトや目的地に対して行われるマーケティングやツアー内容などが「正しいか・間違いか」あるいは「受け入れられるか・受け入れられないか」を判断するために，サービスという社会的パフォーマンスを倫理的コードとの関わりにおいてみる必要があるからである。ここで注目すべきは，倫理に関する問題が個人と組織，もしくはそのどちらかに対してどのように作用しているか，という点である。その見方のひとつが，個人，地域，さらには，組織間の関係性において社会を捉えるというステイクホルダー（stakeholder）という概念である[7]。この概念において示される社会的責任は，つぎの四つに分類される（Carroll 1989: 30）。

1．経済的責任（社会が求める品物やサービスの創出および販売とその適正価格の提供と利益の獲得）。
2．法的責任（当該地域における法の遵守）。
3．倫理的責任（法によって明確には定められていない領域への関わり）。
4．任意的責任（社会的活動に対する任意的な関わり）。

　このなかで，アトラクションを呈示する側の倫理的責任は，そのパフォーマンスが適正かどうかの判断が法によって定められていないような程度に対して必要となる。
　ツーリストの訪問先である地域社会に対して，ツーリズムが環境的に与えるネガティブなインパクトが問題とされるなか，このような倫理的責任というパフォーマンスを判断する基準となるのがマス・ツーリズムと差異化される「新たな秩序」である。新たなプロダクトとして登場したオルタナティブ・ツーリズムはつぎのように表現される（Lanfant and Graburn 1992: 91-92）。「マ

第4章 ＜環境アトラクション＞のマネジメント 97

ス・ツーリズムに対するツーリズムとして登場したオルタナティブ・ツーリズムは，社会関係の変換に対するラディカルな試みであり，ツーリズムの「新たな秩序」を示す概念である。その比較の対象とされるマス・ツーリズムは，その集団化，俗化，組織化，個人的選択に対する制約を特徴とするのに対して，オルタナティブ・ツーリズムは，個人が選択できることを特徴とする。さらに，オルタナティブ・ツーリズムは規模を中小とすることによって，その運営が地域に根ざしたものとして，地域や家族をその単位とする。このような，ツーリズムの新たなモデルはマス・ツーリズムを古くて時代遅れとした。そのため，オルタナティブ・ツーリズムは「もうひとつの」あるいは「別の」ツーリズムではなく，新たな秩序を促進するために一連の価値判断に依拠している」。

このように，オルタナティブ・ツーリズムは価値主導型であるとされる。そのため，マス・ツーリズムとは異なる秩序を設定し，＜環境アトラクション＞を維持するためにはその「仕方」を知識として示す必要がある。オルタナティ

写真4－4　合掌造りを背景に地図をみるツーリスト（岐阜県・白川村荻町）

ブ・ツーリズムは,空間的にはマス・ツーリズムと同じであっても,それをオルタナティブというフレイムで呈示することである。このようなツーリズム形態では,そのフレイム化された空間において,マス・ツーリズムとは異なるように呈示の仕方を変えると同時に,呈示される側にもその価値を理解させる必要がある。そのためには,さまざまな「仕掛け」を用意し,それをシステマチックに機能させることが求められる。

2　自然とヘリテージの呈示

(1) フレイム化される自然

アトラクションを「自然的」と「人工的」という二つの極によって示すコーエンは,これらの区別についてつぎのように述べる (Cohen 1995)。「自然的」アトラクションは,マークされたり,アクセスしやすいように手が加えられていない。一方,「人工的」はその反対で,ツーリスト用に特別に作られた場所

写真4-5　登山者と共に標高1984メールの山頂に立つスーツ姿のツアー添乗員（北海道・黒岳山頂）

や景観であり，「自然的」要素をまったく持たない人工物である。国立公園などは本来は「自然的」アトラクションであるが，それらはシンボリックにマークされ，実際に境界が定められているうえに，園内はその生態的な統制が図られている。そのため，国立公園でさえも本来の自然ではない。コーエンと同様に，国立公園は無垢な自然ではないと考えるマッカーネルは，国立公園を境界線が引かれ，解釈され，博物館化された自然として捉え，「国立公園というのは，もし自然というものがまだ存在していたとしたらこういうものであったであろう，ということを示す残骸である」(MacCannell 1992: 115) と述べる。そして，ツーリストに提供されるために行われる「自然の商品化」傾向を「原生的自然の都市化（アーバナイゼーション）」と呼ぶ。

　近年，自然環境はますます限られたものになってきている。それだけではなく，自然は絶えず変化するため，自然を観光対象（アトラクション）とするツアーにおいては，自然界の生物にツアー参加者のすべてが接することができるという保障はない。この点において，限られた人々しか接することができない「自然」を入園者に提供することによって，テーマパークはエンターテイメント空間としてだけではなく，「自然」の呈示に対する新たな空間となりつつある。自然をテーマとしたテーマパーク内では，「自然」がコンピュータ画面上のバーチャルなエコシステムとして市場にだされるそのプロセスにおいて，ツーリストには「冒険家」としての体験が約束される。そして，ツーリストは，以前は長い日数をかけ，苦労してやっと目にすることができた「自然」を短時間で体験することができる。さらに，テーマパークは，入園者が多すぎる時に入場制限をすることはあっても，自然保護目的のために，制限された少数のビジターしか受け入れない地域とはその対応が異なる。そのため，テーマパークにおける「自然」の表象に対しては批判がある一方で，自然が失なわれつつある現代において，「テーマパークは，それがモデルとするような文化や自然が実際に存在する場所へ同数の人々が仮に訪れたとしたら起こりうるマス・ツーリズムの弊害を抑える役割を担っている」(von Droste *et. al.* 1992: 8) とも表現される。実際に，シミュレーション技術を駆使することによっ

て，ビジターが動物を必ずみることができたり，鳥の声を聞いたりすることができるようにデザインされているテーマパークでは，実際の自然環境においては不確実性が高い経験がビジターに対して確実に提供される。

テーマパークやツーリスト・アトラクションは決して単なるエンターテイメントやレクリエーションではないと考え，企業文化の力が人々のレジャー体験に及ぼす影響を「テーマ化された空間」という視点から捉えるディヴィスは，テーマパークが人々に好まれ，より美しくなることによって，より説得力を持つこと，そして，企業によってコントロールされた空間がレジャー空間に対して新たな意味を与えていることを指摘する (Davis 1997)。テーマパークにおける文化と自然の表象について疑問を投げかける彼女は，エンターテイメント空間としてのテーマパークの自然が，偽物 (simulacrum) の自然，あるいは代替えの自然としてではなく，本物として広がるそのシステムに関心を向ける。そして，アメリカのシーワールドにおいては，まなざしの対象としての自然に対する選択が行われることによって，そこで呈示される海洋資源は文化資本によって無限に「マネジメント」可能であると同時に，乱用や公害から守られている，と考える。

ツーリストが入ることを許されるような場所における「自然」は，すでにフレイム化された自然であり，原生の状態を留めていることは少ない。このような状況において，新たな「自然」の呈示方法として，テーマパークにおける「自然」呈示のシステムは，自然というアトラクションが存在する空間が地域のコンテクストと全く関わりをもたない空間において機能する[8]。一方，ツーリストの目的地となる自然というアトラクションの呈示に，地域社会が重要な構成要素として関わるツーリズム形態がエコツーリズムである[9]。

(2) **エコツーリズムとは何か**

エコツーリズムは新たなツーリズム形態として近年注目されているが，それを示すのがマネジメントという点から捉えるエコツーリズムに対する言説である。エコツーリズムは，たとえばつぎのように表現される。「エコツーリズム

第4章　＜環境アトラクション＞のマネジメント　101

写真4－6　お馴染みとなった表現。「とっていいのは写真だけ　残していいのは足跡だけ」（北海道・大雪山国立公園内）

写真4－7　自然を楽しむツーリスト（オーストラリア・タズマニア）

は、自然との触れあいを重視したツーリズム形態を選ぶツーリストの多くが、リゾートに宿泊するようなツーリストと比較すると、滞在期間が長く、宿泊設備に関しても多くを要求しないなどの傾向が見られる。そのため、プロモートする側にとって、エコツーリズムは魅力的なツーリズム形態である。エコツーリズムは、オルタナティブ・ツーリズムや適正なツーリズムなどとその概念において共通性を持ち、「小さいことは美しい」という哲学の追求を通して、とりわけ地域レベルにおいて多くの利点をもつ。観光産業にとって、エコツーリズムは新たな成長市場であり、地域社会の発展という視点からみれば、収入源として雇用を創出する。さらに、自然保護団体は、エコツアーを主催することによって、自然保護活動の参加者を増やし保護基金の増加が期待できるというように、すべてにとって利点となるツーリズム形態であるとされる」(Norris 1992: 32)。

多くの点において、エコツーリズムはマス・ツーリズムの対極に位置づけられる。たとえば、マス・ツーリズムは「計画不足」であり、「コントロールされていない」のに対して、エコツーリズムは「適切な計画」が行われているため、「自然及び文化遺産の保全を行っていくための一番強い手段」[10]などと謳われる。さらに、ツーリストと地域住民の接触する機会が少ないマス・ツーリズムに対して、エコツーリズムは地域文化を理解し、地域住民との接触を重要視する点が強調される。このような、エコツーリズムに対する言説は、1980年代の後半、エコツーリズムという用語が自然環境に対するマス・ツーリズムのネガティブなインパクトに対するものとして登場したことに起因する[11]。

マス・ツーリズムとの対比という点からみれば、これまで多くのツーリズム形態が登場している。エコツーリズムを提唱する自然保護団体[12]は、エコツーリズムに関わりをもつ用語は35にも及ぶことに触れ、その中でよく知られているツーリズム形態として、自然観光 (nature tourism)、自然との触れあいを重視したツーリズム (nature-based あるいは nature oriented tourism)、大自然観光 (wilderness tourism)、アドベンチャー・ツーリズム (adventure tourism)、グリーン・ツーリズム (green tourism)、オルタナティブ・ツー

リズム (alternative tourism), サステイナブル・ツーリズム (sustainable tourism), 適正観光 (appropriate tourism), 自然と触れ合う休暇 (nature vacation), スタディ・ツーリズム (study tourism), 学術観光 (scientific tourism), 文化観光 (culture tourism), ロー・インパクト・ツーリズム (low-impact tourism), アグロ・ツーリズム (agro-tourism), ルーラル・ツーリズム (rural tourism), ソフト・ツーリズム (soft tourism) を挙げている (Ceballos-Lascurain 1996: 21-22)。そして, 消費型マス・ツーリズムに対するオルタナティブという点において, これらの名称は共通点をもつが同意語ではないことを強調している。それは, 自然保護に直接的に関わらなければエコツーリズムではない, というのがその主な理由である。さらに, 「自然観光」と「エコツーリズム」の相違について, 前者はツーリスト個々人の行動や動機に基づくものであるのに対して, 後者は地域社会が目指す目的を達成するための計画的アプローチに基づく広義の概念として捉えている。

たとえば, 世界観光機関が自然観光とエコツーリズムという用語を互換性をもつものと捉えているように[13], エコツーリズムという用語は一般的に自然観光を指すものとして使用されることが多い。しかしながら, 両者の違いを自然保護に直接関係があるかどうかという点からみた場合, 「大自然観光」や「冒険旅行」などに含まれるような, トレッキング, 登山, ラフティングなどの活動はエコツーリズムには含まれない。それは, 「これらの活動によって自然に対するツーリストの理解が深まったとしても, 自然に対する人々の賞賛は必ずしも訪問地の自然保護に役立つとは限らない」(Norris 1992: 33) からである。

自然資源の保護につながらないツーリズムはエコツーリズムとは呼ばれないことが強調される言説において, エコツーリズムは自然保護という目的を明確にもつ新たなツーリズム形態として他のツーリズム形態と区別される[14]。「エコツーリスト」を「普通の旅行者」と, 「エコ・ツアー・オペレーター」を「普通のツアー・オペレーター」と区別する自然保護団体は, ツアー・オペレーターとエコツアー・オペレーターの区別をつぎのように表現する。「前者はツアー客に対して珍しい場所における体験の機会をつくるだけであり, その土地

写真4-8　混雑する湿原の遊歩道（長野県・八島ヶ湿原）

の人々との交流や自然保護活動に対して関わりをもたないのに対して，エコツアー・オペレーターは，訪問地の自然保護に長期に渡り関わりをもち，地域住民と訪問者との相互理解を助ける」[15]。

　ツアー・オペレーターを選別することの重要性は，たとえば，オーストラリア・エコツーリズム協会からのメッセージとして，「あなたが利用しようとしているエコツーリズム・オペレーターは，エコツーリズム協会の設定しているエコツーリズム・オペレーターの実施規定を承認しているでしょうか？」[16]，という問いかけに見られる。さらに，オペレーターが区別されるように，「エコツアーガイド」と「観光ガイド」も区別される。「エコツアーガイドと観光ガイドの違い」は，つぎのように表現される[17]。「いわゆるマス・ツーリズムの観光ツアーガイドの主な任務がツアーの運行管理と観光地に関する情報の提供，そしてツーリストを楽しませるためのエンターティナーとしての役割であるのに対し，エコツアーの専門ガイドはエコツアーの本質に大きく関わっている」のであり，「従来の観光ガイドがツーリストに知識を与え，効率良く観光

地を「見る」ことをアシストするのに対し、エコツアーガイドはツーリストが五感を総動員して、自然との一体感を感じ、自然の面白さや不思議を発見することをアシストするのである」。

　エコツアーはおもに環境保護団体、自治体、そして民間のオペレーターなどによって主催されているが、エコツーリズムを成立させるにはさまざまな要素が関わる[18]。そのため、エコツーリズムは主体によって捉えられかたが異なる。このことは、エコツーリズム概念の多様性によって生じる混乱に対する指摘に見られる[19]。環境教育的な面を強調する自然保護団体やエコツーリズム協会などの機関によるエコツーリズムの定義は、地域社会の持続的発展という点に重点を置いたものが多いため、地域振興を含むエコツーリズムの定義がプロモートされる傾向が強い。そこでは、エコツーリズム、地域振興、そして環境保護という要素間の関係性が重要とされる。

　エコツーリズムは、近年における自然環境に対する関心の高まりを背景として、自然とツーリズムとの密接な関係性を示すものである。しかしながら、ツーリズムと環境保護を結びつける考え方は、すでに1976年にあらわれているという（Fennell 1998; Orams 1995）。80年代以前から存在していた自然観光において、すでにエコツアーが行われており、現在広く使用されているエコツーリズムは、その用語や定義によって突然発生したわけではなく、その必要性に呼応したものであるという指摘には、エコツーリズムが社会現象として捉えられる必要性が示されている[20]。エコツーリズムは、サステイナブル・ツーリズムの代表として提唱される一方で、ツーリズムは環境に依存する産業であることから、エコツーリズムはこのような関係に対する最新の表現であるにすぎない、ともいわれる。また、一般的に、批判的な視点から描かれることが多いマス・ツーリスト像に対して、エコツアーに参加するツーリストは、環境保全に対する意識が高いというレベルが張られることが多い。しかしながら、近年、環境に対する関心がツーリストの目的地選択に大きな影響を与えるなど、ツーリストの環境に対する意識は高まりつつある。自然をアトラクションとするさまざまなツーリズム商品が環境に配慮したものになっていくな

かで，もとは研究者や裕福なツーリストのための市場であったエコツーリズムは，一般のツーリスト用へとその市場を拡大している。

　ツーリズムを大きくサステイナブル（持続可能性）とアンサステイナブル（持続不可能性）の二つに分類した場合，マス・ツーリズムの一部はサステイナブル・ツーリズムに入ると考えるウィヴァーは，エコツーリズムという用語を広く捉えることによって，エコツーリズムとマス・ツーリズムの共生関係についてつぎのように考える（Weaver 1999）。前者は自然保護に積極的に関わることを目的とした狭義のエコツーリズムであり，ツアー参加者が限られた宿泊施設を利用することによって，比較的長期にわたって自然に深く関わるツアー形態をとる。一方，後者は，当該地域における自然及び文化に対してネガティブな影響を与えないような活動を指す。自然保護に積極的に関わる前者に対して，後者は資源の現状維持という意味あいが強い。さらに，後者は当該地域における滞在が短く，使用される宿泊施設も一般客用であり，エコツーリズムが全旅程の一部である場合が多い。

　さらに，ウィヴァーは，エコツーリズムとマス・ツーリズムの関係について，つぎのような異なるタイプのシナリオを呈示している。エコツーリズムとマス・ツーリズムの関係は，持続可能性があるかを基準として分類され，マス・ツーリズムの一部にエコツーリズムが入ることによってマス・エコツーリズムが持続可能性をもつツーリズム形態として示される。一方で，動植物の紹介が物珍しさを強調して行われたり，地域社会との接触方法が不適切であるようなエコツーリズムは持続可能性をもたないマス・ツーリズムに入る。それは，エコツーリズムをマス・ツーリズムとオルタナティブ・ツーリズムという両方のツーリズムに組み込まれる柔軟な特性として捉えるからである。このように考える彼は，80年代から自然保護団体をはじめとして提唱されてきた，自然保護を促進することを目的として掲げられたエコツーリズムの定義には，このようなエコツーリズムの面が考慮されていない，と指摘する。

　さまざまな機関によって作成されるエコツーリズムのガイドラインやツーリスト・コードは，「普通のツーリスト」を「エコツーリスト」に変えるための

装置として存在する。しかしながら，エコツーリズムがマス・ツーリズムの一要素となる可能性を示す考えかたに見られるように，エコツーリズムの「積極性」が強調されたプロダクトがある一方で，その「消極性」がマス・ツーリズムとの共生という形で示されるプロダクトもある。環境がアトラクションとなるツーリズム形態として登場したエコツーリズムは，そのチャレンジ性が積極性と消極性という二つの極の連続性として示されることによって多様なプロダクトを創出しているが，そのプロダクトの基準となるのがエコツアーにおいて示される「自然」のオーセンティシティである。

　自然保護地域以外の場所においても展開される可能性を持つエコツーリズムにおいて，さまざまな主体がエコツアーというプロダクトの中で「自然」のオーセンティシティをどのように強調するかによってそのプロダクトは大きく異なる。しかしながら，エコツーリズムというすべてのプロダクトに共通する重要な要素は，自然という資源が存在する「地域」である。それぞれの地域がツーリズムによって生じる経済的価値に文化的価値を付加することによって，地域の環境をどのようにツーリストに呈示することができるのか。＜環境アトラクション＞の重要な構成要素である地域は，その地域の価値呈示のための「仕方」あるいは「仕掛け」をエコツアーというプロダクトのなかに組み入れることによってその独自性を示す。したがって，エコツーリズムは，「地域性」あるいは「場所性」という価値の生産に地域の人々が自ら関わることによって，地域において展開されるツーリズムを成立させかつ維持するための装置となる。

(3) 地域とヘリテージ・マネジメント

　エコツーリズムと同様，文化遺産（ヘリテージ）をアトラクションとするヘリテージ・ツーリズムも地域がツーリズムの展開に密接に関わるツーリズム形態である。近年，ヘリテージ・ツーリズムに対する人々の関心が高まるなか，ヘリテージという資源や価値，さらにはその観光市場がダイナミックな性格をもつことが指摘される（Hall and McArthur 1996: 22）。ヘリテージ・ツーリ

ズムは、文化、エスニック、そして教育の各要素が混ざり合ったツーリズム形態であり、ツーリストの行動は遺跡の見学から伝統文化の体験など多様な形をとる (Hall and Zeppel 1990)。ヘリテージ・ツーリズムに対する人々の関心の高さは、たとえば世界遺産を観光対象とするツアーの急速な増加によって示される。

ヘリテージが来訪者に呈示されるプロセスにおいては、地域社会と観光産業との間のギャップが文化差としてあらわれるような場合がある。ヘリテージ・マネジメントをめぐっては、行政機関、民間団体、非営利組織、地域社会、観光産業などの諸要素が複雑に絡み合う。しかしながら、地域住民によるヘリテージ・マネジメントへの参画を重要視する近年の流れにおいて、ヘリテージ・ツーリズムは地域社会がヘリテージを外部の者（ツーリスト）にアピールし、そのデモンストレーションに積極的に関わる場として捉えられている。その背景には、ツーリストを魅了するのは地域のヘリテージであることから、地域遺産を持続させるためには、ヘリテージ・マネジメントに対する地域社会の関わりが不可欠である、とする考え方があるからである。

地域住民によるヘリテージ・マネジメントへの関わりは、「経済活性化に対するモデルとなるものである」(Oakes 1993) といわれるなど、ツーリズムによる地域社会のエンパワーメントとして注目される。近年、地域経済活性化のためにツーリズムを振興するさまざまな地域において、ヘリテージ・マネジメントに対する地域住民の参画がみられる[21]。そのため、ヘリテージ・ツーリズムは、地域社会と共生関係を築く可能性をもつツーリズム形態として捉えられている。

このようななかで、フランスではじまったエコミュージアムという活動は、地域におけるヘリテージの保存という点において注目される。エコミュージアムの考え方は、過去の遺産を単に保存するのではなく、未来に活かすことに、つまり新たな文化の創造と地域の振興に力点がある、とされる[22]。エコミュージアムの場合、世界遺産のように国際機関によってマークされ、保護されるヘリテージとは異なり、地域の人々が掘り起こす記憶がヘリテージとし

て外部の者に呈示される。そのため,「テリトリー」によってその活動の空間が定められるエコミュージアムにおいては,地域のヘリテージを維持することによって,地域という単位を示すその「仕方」において地域の独自性が示される。

このように,地域住民がヘリテージ・マネジメントに関わる動きのなかで,近年,貴重な文化やヘリテージという資源を保護し,かつ活用するためのストラティジーとして,人とヘリテージ・サイトを結びつけることの重要性が強調される傾向が見られる。それは,ヘリテージに対する人々の関心が高まるにつれ,遺産保存を支える役割を担う見学者の存在を無視することができなくなってきているためであり,マネジメントを担当する側がサイトの価値を保つばかりではなく,見学者の要望に応える必要が生じているからである。これまで行われてきたヘリテージ・マネジメントの多くは,ヘリテージという資源を中心においた考え方に基づくものであり,このようなアプローチは,人という要素,とくに見学者の重要性を考慮していないことが指摘されている (Hall and McArthur 1996: 15)。それは,「ヘリテージが必要としているのは,保存以上に見学者に伝わるべきその意義 (Nuryanti 1996: 252)」であるからである。「ヘリテージというアトラクションの特徴はそのユニーク性にあることから,標準的なマネジメント方法のモデルを適応することができない」と考えるリスケとヨーマンは,「ヘリテージはユニーク性と経験をベースとするプロダクトである」(Leaske & Yeoman 1999: ix) と述べる。その理由として,彼らはヘリテージが無形という特性をもつことから,サービスの生産と消費が同時である場合が多いことを挙げている。

文化遺産の公開とその保護活動は,文化遺産の価値を保ちながらそれに接する見学者の経験を保証するという点において相反するものである。しかしながら,ヘリテージを呈示する側だけでなく,見学者側もヘリテージに対して影響を与えるという考え方からは,資源としての物理的な面だけではなく,人と資源の相互的な関わりを遺産保護において重要視する動きが見られる。このように,ヘリテージを見る側の経験がヘリテージに対する意味づけに重要な役割を

果たすという考えかたは、ヘリテージとツーリズムの密接な関係性を示すものである。

次節では、ヘリテージ・マネジメントにツーリストの参画を促すことによって、ヘリテージという資源を保護する試みのひとつであるインタープリテーションという実践についてみてゆく。

3 ツーリズムにおけるインタープリテーションの役割

(1) インタープリテーションの理念と実践

1) ＜環境アトラクション＞の解釈装置

環境がアトラクションとなるツーリズム形態（エコツーリズムやヘリテージ・ツーリズム）をいかに機能させるか。このようなツーリズム形態におけるアトラクションの「解釈装置」のひとつとしてインタープリテーションがある。アメリカの国立公園においてはじまったといわれるインタープリテーション（解説）[23]は、1957年、チルデンによって著された『ヘリテージ・インタープリテーション Interpreting Our Heritage』の出版によって、その概念が広く知られるようになった。この著書には、ビジターの好奇心や興味を喚起するために、さまざまな媒体を利用してヘリテージ・サイトを呈示することがインタープリテーションの目的である、と書かれている。

チルデンは、インタープリテーションを「情報を伝えるだけに留まらず、ビジターの直接体験やさまざまな媒体によって、対象が持つ意味やその背景を示すことを目的とした教育活動である」（Tilden 1977: 8）と定義している。彼は、インタープリテーションの核となるのは教育であることを強調する一方で、それはインフォーマルな形で行われるべきである、と考えた。「休暇を楽しむ人は説教をされたくないものである」（p.111）という表現からは、インタープリテーションはそれを受ける人が自ら望んで受けるものである、とチルデンは考えていたことがわかる。このように、インタープリテーションの目的を教育活動であると述べるチルデンは、インタープリテーションの中心となる

二つの概念をつぎのように示している (p.8)。ひとつは,「インタープリテーションは,対象に対する一般的な説明ではあらわれてこない事象を明らかにすること」であり,これはインタープリター自身が心得ておかなければならないこととして示されている。もうひとつは,「インタープリテーションはビジターが示す好奇心を見逃さずに捉えることによって,ビジターの人間性を高めるために活かされなければならない」であり,こちらはインタープリターがビジターと接する際,気をつけなければならない心得として示されている。

　チルデンは,インタープリテーションは第二の目的を持つことを認識していたが,それは対象となる資源の保護に対してインタープリテーションが行う役割である。彼は自分が国立公園の管理マニュアルのなかで見つけたというつぎのような表現を記すことによってその考えを示している。「インタープリテーションによる対象に対する理解,理解による対象に対する重要性の認識,さらには,認識による対象の保護」(p.38) である。チルデンは,この表現によって,インタープリテーションはビジターの態度の変化を促すこと,そして,そ

写真4－9　インタープリテーション風景(1)（長野県・軽井沢）

写真4-10 インタープリテーション風景(2)（福島県・磐梯高原）

写真4-11 インタープリテーション風景(3)（オーストラリア・タズマニア）

れが結果的に対象に対する理解と保護につながることによって，教育という目的を超えることを示した。

　インタープリテーションは，ヘリテージ・ツーリズムやエコツーリズムと呼ばれるツーリズム形態の重要な構成要素である。日本では，インタープリテーションは自然解説と訳されることがある。しかし，インタープリテーションの対象は自然だけではない。チルデンが示したインタープリテーションはヘリテージを対象としている。では，ヘリテージとは何かということになるが，チルデンはインタープリテーションの対象となるヘリテージを「守るべき宝」と表現し，国立公園，遺産，歴史的戦場地，偉人のモニュメントなどをその例として挙げている（p.37）。ツーリズムにおいて，ヘリテージ（遺産）は人々のまなざしの対象となる。ヘリテージとしての自然や文化遺産は，人々のまなざしを受ける対象という点においてアトラクションの「聖化」作用と同じプロセスをたどる。それは，両者ともマークされ，あるいは助成を受ける対象となり（同時の場合もある），解説されることによって人々に呈示されるからである。そのため，インタープリテーションは，ヘリテージ・ツーリズムにおいては，遺産とビジター（ツーリスト），そしてエコツーリズムにおいては，自然とビジター（ツーリスト）を結びつけるコミュニケーション手段として捉えることができる。そして，このコミュニケーション手段としてのインタープリテーションがツーリズムとの関係において重要とされるのがビジター・マネジメントとしての役割である[24]。

2) インタープリテーションのダイナミックな特性

　ここで，ビジター・マネジメントとしてのインタープリテーションがヘリテージという産業と密接な関係を示すイギリスにおけるインタープリテーションの実践についてみてゆく。イギリスでは，60年代からおもに国立公園を中心として自然保護のメッセージをビジターに伝えるためにインタープリテーションが行われるようになったが，それは自然保護運動の枠組みのなかで行われたため，教育というよりもビジター・マネジメントのための手段として捉えら

れていた。インタープリテーションを手段としたビジター・マネジメントには「ソフト」と「ハード」の二種類があるという（Light 1991, 1995）。まず、ソフト・ビジター・マネジメントの目的は、インタープリテーションを通じて、田園が直面している問題にビジターの関心を向けさせることによって保護意識を高め、マネジメントに対する協力を得ることを目的としている。一方、ハード・ビジター・マネジメントは、インタープリテーション用の施設をつくることによって、さらに自然保護が必要な地域におけるエコシステムに与えるビジターの影響を減らすことを目的としている。このように、田園という自然環境を対象として行われていたイギリスのインタープリテーションは、次第にその対象を都市などの人工的環境に広げるようになる。ヘリテージ・サイトにおけるインタープリテーションは、当初、保護についてのメッセージを伝える手段として始められた。ところが、産業博物館などのような近代的なサイトには多数のビジターを受け入れることができる施設が多く、さらに、その展示物も保護という点では急を要するものはあまりないことから、ビジター・マネジメントのためのインタープリテーションの役割は小さくなっていった。その結果、80年代に到来したヘリテージ・ブームとともに、チルデンによって提唱された教育的要素がインタープリテーションのなかに復活し、そこに自然環境や人工的環境におけるビジターの楽しみを促進する役割が加わった。その理由として、ビジターは楽しい経験をすることによってサイトの保護に関するメッセージを快く受け入れるようになるからであり、さらに、再び訪れるビジターの数を増やすことにつながることがあげられる。

　このように、ヘリテージ産業の登場とヘリテージ・インタープリテーションがパラレルな関係にあるイギリスでは、インタープリテーションの実践における大きな変化がつぎのように示されている（Prentice and Light 1994: 204-205）。まず、ヘリテージの意味や意義を説明するための教育活動を目的としたサービスのひとつとして、それまでおもに行政やボランティアによって行われていたインタープリテーションは、徐々に民間のセクターによって行われるようになる。そして、ヘリテージ産業によって取り入れられようになったイン

タープリテーションは，つぎのような六つの明確な役割を持つようになった。

1．インフォーマルな教育[25]。
2．エンターテイメント[26]。
3．プロダクトの開発[27]。
4．プロモーション用[28]。
5．経済活性化への貢献[29]。
6．プロパガンダとＰＲ[30]。

ここで示されているのは，ヘリテージ産業の発展と結びついたイギリスにおけるインタープリテーションが，ビジターの満足度を高める目的のためにプロダクト開発用媒体として重要な役割を獲得したことである。インタープリテーションは地域活性化のためのツールとしての役割を獲得したが，その背景には，ヘリテージに対する意識を高めることによって，地域住民をその保護に積極的に関わらせようとする意図が見られる。

このように，イギリスにおけるインタープリテーションは，「ツーリズム，レジャー，さらにはPR産業によって利用されている（なかにはハイジャックされたという者もいる）」(Uzzell 1989: 3)といわれるなど，戦後急速に広がったレジャー活動との関わりにおいて捉えられている。さらに，ヘリテージ産業においては，ビジターの楽しみや満足に直接関わるというインタープリテーションの投資効果に対する評価が強調される傾向にある。インタープリテーションは，新たな対象やビジターのヘリテージに対する経験強化の方法へと役立てられることによって，ビジター数の増加やそれに伴うビジター経験の強化策に関わる。そのため，インタープリテーションは，人々（ビジター）の評価によって絶えず変化するダイナミックな特性を持つものとして捉えられている。

北米においても，インタープリテーションの歴史は近代のマーケティング，コミュニケーション，さらにはツーリズムの歴史とパラレルな関係にある，と

いう (Wilson 1992: 53-57)。それは,20世紀中頃,ただ自然を体験するのでは十分ではなく,自然は人間に説明されなければならない,とされるようになったことがその背景にあるという。そのため,いかにうまく意味ある自然体験が作り出されたかを見るために,国立公園の「パフォーマンス」としてインタープリテーションが用いられるようになったという。さらに,人々を魅了し,楽しませるというインタープリテーションの役割に対して関心が向けられる傾向が指摘されている。

　場所のユニーク性やその意義を広めることはツーリズムの特性である。インタープリテーションはツーリズムにおけるマーケテングのための有効な手段として,「特別な場所」におけるビジター経験を創造するための重要な要素として位置づけられる。

3) サービスとしてのインタープリテーション

　チルデンによって示されたインタープリテーションの理念は,その実践においてツーリズム・プロダクトの構築に関わる新たな役割を担うようになった。そのため,インタープリテーションは,ツーリズムにおけるサービスという視点から捉えることができる。ツーリストが訪れた場所を特別な場所であると感じるように行なわれる（ビジターの感情に訴えるように感動的である）インタープリテーションは,インタープリターによるパフォーマンスによって異なるツーリズム・プロダクトとなる。

　ところが,インタープリテーションについては,「誰のインタープリテーションか」(Uzzell 1988: 261) という問いかけに見られるように,ヘリテージの呈示において誤ったステレオタイプ的な視点をビジターに強要する危険性が指摘されている (Light 1991: 10)。それは,「ある人にとってのインタープリテーションは他の人のプロパガンダにもなりうる」(Aldridge 1989: 65) からである。政治的・経済的・社会的背景からインタープリテーションを捉えるヘリテージ・マネジメント側や,市場における価値を高め,マーケティング戦略としてインタープリテーションを捉えるツーリズム・オペレーターなど,ヘリ

テージの呈示に対しては，その立場によってインタープリテーションに対する捉え方が異なる。しかしながら，このように立場によるインタープリテーションの捉え方は異なっても，その重要性は，注目されなくなった観光対象（アトラクション）を活性化させ，付加価値を与えるという役割において共通する。

　チルデンはインタープリテーションについて述べる際，「直接体験」や「ビジターの経験」という表現を使用している。そのため，「経験」はインタープリテーションについて語るためのキーワードとなる。「経験」という文字はインタープリテーションについて述べるさまざまな人によって使用されている。たとえば，インタープリテーションの手引きにはつぎのような表現がみられる（Ham 1992: 186）。「知識が豊富で熱意を持ったナチュラリストによって案内されるツアーは，ビジターにとって忘れがたい経験となる。そのため，ツアーが生涯の思い出となることを考えた場合，ツアー料金はわずかに感じられるであろう」。さらに，「インタープリテーションに対するプランニングを行うことは，ビジター経験のプランニングを行うことを意味する」や「インタープリテーションについて考えることは，ビジターの経験について考えることと同じである」[31]，などという表現からは，インタープリテーションがビジターの経験に直接作用する重要な役割であると捉えられていることがわかる。

　チルデンは良いインタープリテーションを行うための六つの原則を示しているが，そのなかの三項目には，対象に対するビジターの好奇心を喚起することの重要性がつぎのように示されている（Tilden 1977: 9）。

- 「インタープリテーションは，目の前に存在している，あるいは説明している対象とビジター各自のパーソナリティや経験とが何らかの関わりを持つように行われなければならない」。
- 「情報を与えるだけではインタープリテーションとはならない。インタープリテーションは情報に基づくものであるが，両者は全く異なっている」。
- 「インタープリテーションは，啓発することを目的とするのであって指示することではない」。

チルデンによるインタープリテーションの定義をさらに広げ，サイトにおけるインタープリテーションを「保護に関わるメッセージを伝えることを目的として，場所の意義をビジターに説明すること」(Aldridge 1989: 64) と定義するアルドリッジは，サイト・インタープリテーションをその核として捉え，人々や事象をそれがあるべき環境というコンテクストに置くこと，つまり，すでにそのルーツを失ってしまった対象の意義を再び示すことによってその起源や由来を回復することである，と述べる。このように，チルデンやアルドリッジは，インタープリテーションとは対象に対するビジターの意識や理解を高めるとともに，ビジターの行動や態度の変化を促すものであることを示している。

　チルデンが示した「啓発 (provocation)」や「開示 (revelation)」という表現に対しては，その重要性がビジターの感情や想像力に訴えるインタープリテーションの役割としてつぎのように強調されている。まず，「啓発」については，インタープリテーションはビジター（ツーリスト）自らが豊かな想像力をもつことによって，個人の経験を豊かにするための有効な手段となるべきであること (Craig 1989; Uzzell 1989) [32]，そして，「開示」に関しては，インタープリテーションに対する逆説として，「インタープリテーションを行うな」という表現によって示される (Uzzell 1989: 9)。それは，インタープリテーションの手法が上手くなればなるほど，受け手は受動的になるために対象に対する好奇心を失うからである。ここで強調されているのは，あるサイトについてのインタープリテーションを行うだけでは不十分である，という考えかたである。それは，ビジターがあるサイトで学んだことを基に，他のサイトに対して自らインタープリテーションを行うことができるようにすること，つまり，インタープリテーションの受け手であるビジター自らがインタープリターになることである。このように，ビジター自らが景観をよむことができるようなスキルを与えることが重要であると考えるウゼルは，つぎのように説明する。ビジター自らがインタープリターになるということは，インタープリターが余ってしまうことになるため，ある者にとっては脅威となる。しかしなが

ら，インタープリテーションのスキルを広く伝えることは，逆説的にインタープリテーションを必要とするサイトや施設に対する必要を喚起することにつながる。そのため，インタープリターにとってはより効果的な伝え方や専門知識を広げるための新たなチャレンジとなる。

このような考え方は，さらなるアトラクションの増殖を意味する。それは，インタープリテーションは，ビジターを積極的に対象に関わりを持たせることによって，アトラクションの増殖を促進する装置となるからである。ここで重要なのは，ビジター自らインタープリテーションを行うということは，インタープリテーションの提供者（インタープリター）とその受け手との境界線がなくなることである。インタープリテーションは，ビジター（ツーリスト）の関心を喚起することによって対象をアピールするための方法である。それは，ビジター（ツーリスト）と観光対象（アトラクション）を結ぶコミュニケーション手段としてツーリストと「環境」とのインタラクションを生じさせるための規則や規範を教授する装置であることを意味する。インタープリテーションは専門家の知識がビジターという一般の人々に伝わるプロセスであるが，このプロセスにおいては，ビジターが対象に対して関心を持たない限り，歴史的事実や考古学的な情報は役に立たない。そのため，インタープリテーションという活動を成立させるためには，インタープリテーションを行う際のテーマやその市場，さらにはインタープリテーションの対象となる資源をどのようなプロダクトにするのか，という目標を定める必要がある[33]。

「インタープリターの役割は，ブローカーのそれと同じであり，ビジターと彼らが関心を示す環境との間を結ぶ役割をもつ」（Uzzell 1985），と表現されるように，「仲介者」としてのインタープリターは，外来者を地域の「裏舞台」へ導くだけではない。インタープリテーションを提供するガイドあるいはインタープリターの役割は，アトラクションの再生にも関わる。そのため，両者によって提供されるインタープリテーションは，アトラクションの維持に関わる。そこには，ツアーがどのような設定において行われるのか，ツーリストをどのように導くのか，ツアーが主催される主体，ツアーが行われる国や地域の

政治的状況，ツアー目的，ツアー参加者のタイプなどと共に，ガイドあるいはインタープリターがどのようなステイタスか（国，あるいは組織の公認かどうか，学術的な知識を持った者であるか）などの要因が関わる。

インタープリテーションは，アトラクションの呈示というプロセスにそのサービスが組み込まれることによって，アトラクションというシステムを機能させるためのひとつの要素である。「地域の差異化が存在しないような場所（たとえば海辺など）では，ツーリストは各自がレジャー活動をするのでガイドは必要ない」（Schmidt 1979: 451）といわれる。しかしながら，たとえばどこにでもあるような海辺であろうと，それがインタープリテーションを伴うアトラクションとしてツーリストに呈示される場合，そこは「解説されるべき価値ある海辺」となる。さらに，インタープリテーションという実践は，アトラクションの価値をツーリストに対して示すばかりでなく，付加価値をつけるための重要な装置として機能する。そのため，ツーリズム空間に＜環境アトラクション＞解説装置としてのインタープリテーションが用意されているかどうかがツーリストの体験・経験を異なるものにする。

つぎの事例では，インタープリテーションによる「自然」の呈示をイメージ形成との関わりにおいてみてゆきたい。

(2) 事例：屋久島における自然の呈示
1) 屋久島の自然環境イメージと縄文杉

「自然の宝庫」，「植物の宝庫」，「洋上アルプス」などと謳われる屋久島は，1993年12月にユネスコの世界自然遺産リストに登録された。そして，世界遺産登録を契機として，屋久島は世界に誇る自然を有する「世界遺産登録地」の島として，近年，メディアにしばしば登場し，観光地としても注目されている。たとえば，旅行社による屋久島の観光パンフレットには，「太古の息吹を感じる世界自然遺産の島」[34]，「世界遺産のもりへ　屋久島で悠久の自然に触れる感動の旅　手つかずの自然が息づく屋久島へ」[35]，「いのち溢れる屋久島の森林」[36]などのキャッチ・コピーが並ぶ。そして，「豊富な自然に恵まれる世界

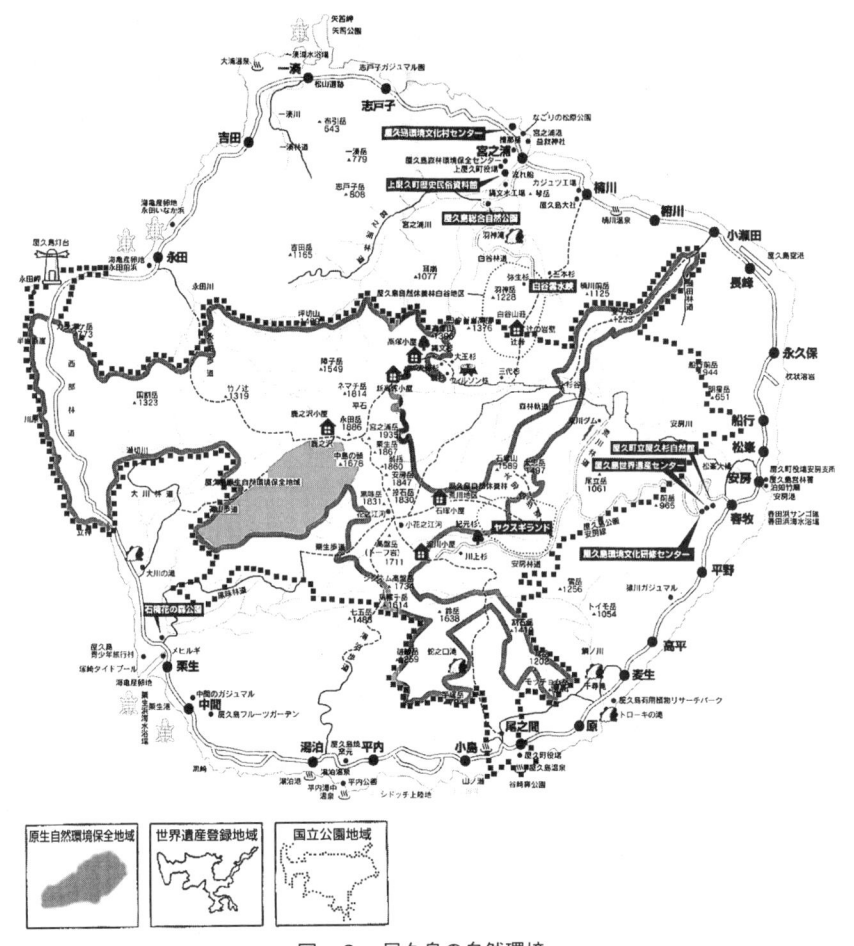

第 4 章 〈環境アトラクション〉のマネジメント　121

図-2　屋久島の自然環境
『屋久島カントリーコード』（財団法人　屋久島環境文化財団）パンフレットを基に作成

遺産の島」屋久島は、「癒しの島」であることがアピールされている。屋久島の「豊富な自然」のなかでも、その代表的存在である屋久杉は、観光パンフレットばかりでなく、映画・活字メディアに頻繁に登場する。

屋久島は、1993年12月にユネスコの世界自然遺産リストに登録されたが、島全体が世界遺産に登録されたのではない。世界遺産に登録された地域は屋久島

写真4－12　屋久杉について説明を聞くツーリスト（屋久島・屋久島環境文化村センター）

全体の約2割にすぎない（図－2）。しかしながら，屋久島が「世界遺産の島」として紹介されることによって，屋久島全体が世界遺産に登録されたと思い込む人もいる。世界遺産登録を契機として，映像・活字メディアによって伝えられる屋久島に関する情報の多くが「世界に誇る自然と共存する島」の自然保護についてである。あるテレビ番組は，屋久杉の伐採の歴史を紹介するとともに，伐採から屋久杉を守った島民の活動を取り上げることによって，屋久島の自然の豊かさを伝える[37]。ところが，一方で，マスコミは，ゴミ問題やトイレ問題などを，世界遺産登録後ツーリズムによって引き起こされた自然破壊と指摘する[38]。

このように，屋久島は自然と共存する癒しの島としてのイメージをもつ一方で，ツーリズムによる自然破壊が進む島としてのイメージをも合わせ持つ。それを如実に示すのが屋久島のシンボル「縄文杉」である。観光パンフレットのなかで，「世界遺産登録屋久杉に会いに行こう」[39] など，屋久島の自然を代表する屋久杉は「見る（観る）」のではなく「会いに行く」対象として捉えられている。そして，「縄文杉に逢いたい！みなさん，あの世界遺産"縄文杉"に逢いに行きませんか！」[40]，というコピーに見られるように，屋久杉のなかでも縄文杉は屋久島観光の目玉となっている。そして，「太古の風が吹き抜ける神秘な自然」，「悠久の時を活きる縄文杉。まるで，大自然の呼吸が聞こえてくるよ」[41] などといったコピーとともに縄文杉の写真が使われることによって，屋久島は「縄文杉の島」であることがアピールされる。また，島では縄文杉の人気にあやかり，「縄文杉に会いました」というコピーが入る包装紙の土産用菓子が売り出されている。

縄文杉がこのように有名である訳はその樹齢にある。1966年に「発見」され

写真4－13　「世界遺産の島」屋久島のマーカーとなる観光パンフレットとそこに登場する縄文杉。

たとされる縄文杉の樹齢は,「九州大学の真鍋大覚の推測を元にして環境庁が「7200歳です」というコピーをつけたことから一般化する」(中島 1998: 177) という。縄文杉の樹齢7200年説に対しては疑問が呈されているが,多くの観光パンフレットは縄文杉の樹齢を7200年としている[42]。縄文杉は,屋久島のシンボルとしてメディアにたびたび登場し,来訪者の縄文杉との「出会い」を屋久島における「特別な経験」として表現している。縄文杉への称賛は,人々に「縄文杉を見ずしては屋久島へ行ったことにはならない」という気持ちを抱かせる。そのため,屋久島へ行けば縄文杉に簡単に「出会う」ことができると思いこんでいる観光客も多く,なかには縄文杉行きのバスはどこからでるのか,などと島民に聞くツーリストもいるという[43]。しかしながら,縄文杉へは山道を片道約5時間（往復約10時間）の長き行程であるため,途中で「縄文杉との出会い」を断念する者も多くいる。1980年代の半ば,高塚山へロープウェイを架け,誰でも縄文杉を見られるようにしようという計画が起きたが,計画は論争の末取り下げられた。その際,地元発行の季刊誌上に見られたのは,「縄文杉は島の宝」,「縄文杉は訴える」,「縄文杉よ永遠なれ」,「縄文杉に想いを馳せつつ」,「ハイヒールをはいて縄文杉見物とは,自然への冒涜です」[44]など,人々の縄文杉に対する想いであり,その「出会いかた」に対する指摘である。

　縄文杉の周りには,1996年3月に林野庁によって,木造の展望台が組まれた[45][46]。これは,マッカーネルがいうアトラクションの「聖化作用」のなかの「枠づけと顕示」（アトラクションを保護し,強化するための制度的な枠組みが構築される段階において,対象のまわりに正式の境界を設けること）である。屋久島のシンボル的存在の縄文杉は,木造の展望台によってツーリストから距離をおいてそのまなざしを受けることとなる。屋久島観光連絡協議会は観光情報が載せられた観光パンフレットに,縄文杉が危機に面していることを訴えるメッセージをわざわざ入れているが[47],これも縄文杉をアトラクションとするための重要なマーカーである。縄文杉は屋久島の自然の豊かさの象徴とされる一方で,それを眺めるための展望台の設置は屋久島の自然とツーリズムとの密接な関わりを示す。

写真4-14 「縄文杉に会いました」という名のお菓子。これはマッカーネルのいうアトラクションの「聖化」作用の一例である。(鹿児島県・屋久島)

2) 来訪者が接する自然とエコツアー

　縄文杉は屋久島の自然保護のシンボルとして,屋久島の自然に対する保護意識を喚起させる役割を担う。屋久島における観光スポットのほとんどは環境学習の場であり,訪問者が手にする各機関のパンフレットには自然保護を訴えたものが多く見られる。そのため,屋久島における自然保護活動は活発に行われているような印象を受ける。しかしながら,現在,屋久島で行われている保護活動は,レクリエーションに関連するものが中心であり,生態系維持に関連するものはきわめて少ないという[48]。生態系維持よりもレクリエーション利用が重視されている屋久島の現状において,森林のレクリエーション利用として,近年,屋久島において人気が高まっているのがエコツアーである。

　鹿児島-屋久島間を就航する航空会社が発行する機内誌は,「体験しました屋久島エコツアー　もっと自然と同化する旅」[49]というタイトルで,OL二人の自然体験としてエコツアーを取り上げている。エコツアーは,自然体験型ツアーとして,屋久島の自然体験を求める来訪者の間で近年人気が高まっている

ツアー形態である。そのため,これまでマス・ツーリズムを主に扱ってきた各旅行会社は,観光バスで島を周遊する従来のツアーの他にオプションとしてエコツアーを取り入れ,屋久島における自然体験をつぎのようにアピールしている。

<自然と遊ぶエコツアー>
　川に沿って遊歩道を歩き,滝や苔河原などを見たあと,原生林歩道に入り,原生林の中で屋久杉の森のしくみについて体験学習。屋久杉の鼓動を聞いたり,森の生き物たちの暮らしをのぞいたり……。のんびり過ごし,ゆっくり歩き,そしてじっくり感じてほしい,森の息吹！森の中でお弁当を食べたら,近くの清流の水でコーヒーを湧かそう。飛流おとしに代表されるいくつもの滝,樹齢3000年の弥生杉などにも逢える[50]。

そして,<屋久島エコツアー>に関するつぎのようなコピーとともに,さまざまなツアーが紹介されている。

<屋久島の神秘的な自然を舞台に,もっとアクティブに楽しみたい人にぴったりウォッチング＆体験ツアー>
　「ダイビングによる自然ウォッチング」,「カヌーによる川の自然ウォッチング」,「屋久杉原生林自然ウォッチング」,「屋久島の森の垂直分布体験エコツアー」(標高に応じて亜熱帯から亜寒帯まで植物の垂直分布する屋久島。屋久島環境文化村センターで屋久島の成り立ちや自然条件など学んだ後,標高に従った植生の変化を体験します。)「屋久島照葉樹林自然ウォッチング」,「森と人との関わりを見つめるエコツアー」(屋久島杉自然館で屋久杉と島人の関わりについてレクチャーを受けた後,屋久杉ランドにて実地観察を行います)[51]

　屋久島を訪れるツーリストの中でエコツアーまたはガイド付きツアーに参加した人数は全体からみればまだ少数派であるという[52]。しかし,自然をゆっくり楽しみたいというツーリストにとってエコツアーの人気は急速に高まって

いる。エコツアーに参加する人々はリピーターが多く，滞在日数もマスツアーに参加する人々と比較すると長い。そのため，地域の経済的効果への波及という点において，島では一過性のマスツアーよりエコツアーに対する期待が高まっている[53]。

　屋久島では，エコツアーという文字がいたるところで見られる。そして，「レクチャーのできるガイドによる案内」を必要とする声が聞かれる[54]。このようななかで，「縄文杉ツアー」を実施していない，ある民間のガイド業者が注目される。縄文杉は屋久島のシンボルとして多くの観光客・登山客が目指す対象であることから，「縄文杉ツアー」は人気が高い。ガイド業としては，いわばドル箱的存在の「縄文杉ツアー」を行わずに「フォレストウォーク（森歩き）」をメインに取り組んでいる同社の代表はつぎのように考える（松本 1998: 311-313）。「縄文杉までの行程は往復10時間を要し，解説などをしているとたどりつけない。また，その行程の3分の2は昭和前半で伐採されつくした二次林で，本来の屋久島の森ではない。これでは，縄文杉という一本の木を見て，森を見ずになりかねない。さらに縄文杉周辺は集中して利用されるため，環境への影響が懸念されている。……自然休養林の2時間半程度の行程を5時間ほどかけてゆっくりと自然を楽しみ，数千年の杉を育む森を解説しながら，すばらしい屋久島の森を体感していただいている」[55]。縄文杉ツアーが人気を集め，エコツアーと称して縄文杉に案内するだけで安易にガイドと名乗る者が出てきているなか，ツーリストが選択するガイド業者によって屋久島の自然の呈示は大きく異なる。

　近年，交通手段の改善や世界遺産ブームなどの影響で，登山目的ではなく，気軽に自然を楽しむために屋久島を訪れるツーリストの数が増加している。屋久島の自然はさまざまな機関によって来訪者に呈示されるが，そこでは険しい山道を歩かなくても容易に自然を鑑賞できるような工夫が見られる。一方で，森林のレクリエーション利用は自然破壊の要因として捉えられことが多い。たとえば，メディアにおいては，レクリエーションを目的とした森林の過剰利用問題が取り上げられ，屋久島の自然がツーリズムとの関わりにおいて論じられ

ている。その顕著な例が島のシンボル「縄文杉」である。縄文杉は、世界遺産登録後の観光客による過剰利用の象徴となってきたことから、屋久島の自然保護の象徴ともなっている。縄文杉との「出会い」は、人々に特別な「経験」を与える。しかし、あえて縄文杉ツアーを行わないエコツアー主催者側からは、縄文杉を特別視することによって見失いがちな屋久島の自然の側面を捉えようとする姿勢がうかがえる。それは、屋久島における「スター級」の自然だけでなく「普通」の自然への接し方の教授であり、屋久島における「普通」の自然をアトラクションとして誕生させることでもある。

(3) 資源の持続性とツーリストの役割

マス・ツーリズムにおけるアトラクションは、まずその構成要素である「見どころ」が観光関連産業を中心として提供され、つぎにメディアによって媒介され、そしてツーリストによって消費される、というプロセスとして示された。ここで重要な要素となったのがマーカーであった。地域における資源の持続性が重視されるヘリテージ・ツーリズムやエコツーリズムというツーリズム形態が成立する、つまり多くの人々を魅了して引き付けるためにもマス・ツーリズムと同様マーカーが必要である。しかしながら、このようなツーリズム形態において、資源となる環境がアトラクションとしてツーリズム・システムのなかで機能するためには、＜環境アトラクション＞を維持するための仕組みが重要となる。その装置のひとつがインタープリテーションである。インタープリテーションは、「単なる情報の羅列ではなく、システマチックに自然の情報を組み立てていく高度な情報の体系化」[56]として「普通の」資源に価値を見出し、それを呈示するための装置として作用することによって、＜オルタナティブ＞な空間を誕生させる。それは、＜オルタナティブ＞という空間を創出するための「仕掛け」でもある。しかしながら、インタープリテーションは、インタープリター（あるいはガイド）の解説方法や受け手（ツーリスト）の反応によってその都度変化する（せざるを得ない）という特性を持つ。したがって、ツーリストが来るたびに異なる自然に接する事ができるようなシステムづ

くりは，リピーター獲得につながる。リピーターに対しては，アトラクションの価値を自ら探すという行為も期待できる。そのため，そのようなリピーターの存在は＜環境アトラクション＞の重要な構成要素として，場所（訪問先）のイメージを変化させる可能性を持つ。それは，ひとつではなく多様なマーカーの出現をも意味する[57]。

　新たなアトラクションを次々に作り出すことによって経験を提供する人工的レジャー施設がリピーターを確保するのとは異なり，限られた資源を維持することを求められるツーリズム形態においては，資源の呈示の仕方を変化させることによってリピーターを確保することが求められるが，そのためのひとつの手段がインタープリテーションである。しかしながら，インタープリテーションはすべての資源を価値あるものに変化させる「魔法の杖」ではない。資源が存在する場所のイメージがどのように変化するのか（良くなるのか悪くなるのか）。それは，すべて受けて（ツーリスト）がその場所に対してはじめにどのようなイメージを持っていたか，そしてインタープリテーションがそのイメージ形成にどのように関わるのかに拠る。インタープリテーションという活動は＜環境アトラクション＞の価値を決めるコミュニケーション・プロセスである。インタープリテーションが＜環境アトラクション＞の維持システムとして機能するためには，対面的な＜場＞を作り上げることが必要であるが，そのような＜場＞は規模が小さいという条件においてツーリストの体験・経験に作用する。

　ツーリストに対応する活動としてのインタープリテーションは，インタープリター（あるいはガイド）によって提供されるサービスのひとつである。そのため，インタープリテーションを受ける側は提供する側（インタープリターあるいはガイド）と一体となり，そのサービス内容を充実させることによってインタープリテーションの質を高めるプロセスに関わることが求められる。さらに，インタープリテーションを自ら行うツーリストの活動は，さらなる＜環境アトラクション＞の創出にもつながることから，限られたアトラクションに多くの人が集中することを防止することにもつながる。

インタープリテーションというサービスを通してツーリストに伝えられた知識，あるいはツーリスト自ら得た知識がどのように加工されるのか。そのプロセスにおいて，インタープリテーションは＜環境アトラクション＞に対する価値を付加するための活動としてマス・ツーリズムのプロダクトを差異化する。新たな＜環境アトラクション＞というプロダクトが創出されるプロセスには，ツーリストの積極的な関わりが必要となる[58][59]。インタープリテーションは＜環境アトラクション＞に対するツーリスト経験のオーセンティシティに関わるが，そこにはツーリストの自然に対する気づきを強化し，それを地域（場所）の環境保護に組み込むシステムが存在する。そのシステムは，＜環境アトラクション＞に対する人々の感情や気づきを作り出すことによって，その保護活動に対して関心を持つ人々の層を広めると同時に，そのレベルを高めるために機能する。それは，インタープリテーションというサービスによって成立する＜オルタナティブ＞というツーリズム空間の形成であると同時に，ツーリストに対してアピールされる「地域性」や「場所性」のイメージ形成である。

＜注＞
(1) ポストモダン・ツーリズムの社会学的ディスコースは，その分析の枠組みとして「状況的」と「他者」という両方の特徴をもつと述べるムントは，つぎのように考える(Munt 1994)。まず，「状況的」はハイパーリアルな経験として，テーマパークや他の人工的アトラクションを典型的なポストモダンの環境としている。一方，「他者」のほうは「本当」に対する探求，かつ「自然な」ものに対するさらなるアピールであり，田園をポストモダンとして表現している。
(2) このような傾向は，たとえば「クラブツーリズム（株）」の考え方において見られる。同社は「21世紀は，年齢を越え，性別や国を越え，同じ考え方や同じ価値観によって人と人が結びついていく時代になります。」（クラブツーリズム株式会社「会社案内」p.16）と考えることによって，旅が参加する人たちの主体性によって運営されていくものであることを強調している。同社の会社案内には，「世界遺産の数だけ，クラブをつくりたい（p.6）」というコピーとともに世界遺産クラブの設立が説明されている。
(3) たとえば Cater 1994: 3-5 を参照。
(4) 『エコツアー・完全ガイド』（地球の歩き方旅マニュアル264）1998年，ダイヤモンド・ビッグ社）p.152。

第4章 〈環境アトラクション〉のマネジメント　131

(5) エコツーリズムのオペレーターはビジネス実践において倫理コードを採用している率が他のツアー・オペレーターと比較して高い（95%）という（Fennel and Malloy 1999）。
(6) McIntosh, R.W., Goeldner, C.R. and J.R.B. Rtchie（1995: 382）。
(7) 企業の場合,「ステイクホルダーズ」とは「企業とそれを取り巻く関係集団のこと」であるという（和田 1998: 38）。
(8) アメリカのフロリダにあるテーマパークで，ディズニー・ワールドのひとつであるアニマル・キングダムを紹介する書籍には，パーク内におけるインタラクティブな活動がつぎのように紹介されている（Malmberg 1998）。パーク内では,動物園のガイドのように，動物の特性や行動に関する詳しい情報を提供できることをゲストから期待されるキャストに対するトレーニングが行われ，さまざまな場所から集められた情報はゲストとの意味ある出会いのためにキャストの頭のなかに入れられている。そして，動物の保護を目的とした保護ステーションにおいて環境や動物に関するインタラクティブな「保護会話（conservation conversation）」が行われるようにされている。
(9) エコツーリズムに対する言説のなかには,つぎのような表現も見られる。「エコツーリズムは，経済的にも持続可能なツーリズム形態である。そのため，ディズニーランドは環境および経済の両方において持続可能であるという視点からみると，エコツーリズムの良い例となる」（Ryan 1997: 18）。
(10) 「世界のどの国でもエコツーリズムは環境保護的な開発のひとつの方法であり，社会と経済を発展させる実際的で効果的な方法といえる。そして，地球上にある自然及び文化遺産の保全を行っていくための一番強い手段である」（財団法人日本自然保護協会『NACS-Jエコツーリズム・ガイドライン』（1994年）に収録されている『自然保護』1991. 8. No. 351より。ページ・ナンバーの記載無し）。
(11) たとえば Lew 1996 を参照。
(12) 国際自然保護連合（IUCN）。International Union for Conservation of Nature and Natural Resources [自然及び天然資源の保全に関する国際同盟]（一般的には，The World Conservation Union [国際自然保護連合] と称されている）。
(13) World Tourism Organization & United Nations Environment Programme 1992 p.36。
(14) IUNC 国立公園保護地域委員会が著した「観光,エコツーリズム,保護地域」には，「ふつうの旅行者とエコツーリストの大きな違い」として，つぎのような表現が見られる。「エコツーリストのすべてが，プロの科学者や芸術家や哲学者である必要はないが，エコツーリズムには科学的，芸術的，哲学的アプローチが含まれていると考えるべきである。エコツーリズムは自然の中で自然に没頭するような機会を与えてくれ，エコツーリストは，このような旅行を通じて自然と文化に関する知識や認識を身につけ，自分自身を自然保護に関心を持つ人に変えるのである」。

「エコツーリストと伝統的な旅行者と，外見から見分けることは難しいが，彼らの環境に対する関心や態度，行動は根本的に違っている。伝統的な旅行者は，その地域の自然や生態系にはほとんどあるいはまったく関心をはらわないような活動をするためそこ（海岸，湖，森など）へ行くのである。この活動は，自然を目的ではなく手段として『使う』だけである。一方，エコツーリストは，自分自身が自然の中へ引き寄せられ，自然を観察・理解・賞賛するのが大きな関心事であり，野生生物や自然資源を壊さずに利用する」。

(15) 著者はエクトール・セバーリョスラスクライン。（財団法人日本自然保護協会『NACS-J エコツーリズム・ガイドライン』（1994年）に収録されている『自然保護』1991. 8. No. 351 より。ページ・ナンバーの記載無し）。

(16) オーストラリア エコツーリズム協会「オーストラリアのエコツーリズムの現状」（http://www.promarkj.com/fraser/austeco.html（1999.6.10））

(17) 社団法人日本旅行業協会『エコツーリズムハンドブック エコツーリズム実践のためのガイド』（1998: 50-51）。

(18) 『エコツアー・完全ガイド』（地球の歩き方旅マニュアル 264）1998 年，ダイヤモンド・ビッグ社）には「エコツアーを作り上げる人びと」として「非営利団体の職員」，「地元の人々」，「旅行者」，「政府職員」，「旅行業界の人」，「ナチュラリスト・ガイド」，「ボランティア」，「研究者」，「国立公園のレンジャー」が挙げられている（p.104）。

(19) 近年，エコツーリズムという概念に対する論議は減りつつあるものの，与えられた定義に従ってマーケティングや研究が具体的にどのように行われるべきかという問題は依然として残ることが指摘されている（Blamey 1997: 109）。

(20) 「ソフト・アドベンチャー・トラベル（soft-adventure travel）」とも呼ばれていたエコツーリズムが，太平洋観光協会（PATA）主催による「アドベンチャー・トラベル」の会議名称に 1992 年に付け加えられたことは，エコツーリズムとアドベンチャー・ツーリズムが統合されつつある状況を示すものである。

(21) たとえば，大阪府平野区の「平野町ぐるみ博物館」は住民によるヘリテージの呈示という点においてそのユニークな活動が知られている。「平野の町づくりを考える会」発行による案内図には，つぎのように書かれている。「ひとつひとつの博物館は小さいけれど，巡り歩いているとあちらこちらに歴史の面影と伝統が残っている。平野は町そのものが博物館だ」。

(22) 日本エコミュージアム研究会編 1997 を参照。その活動は，「一定範域（テリトリー）内で地域の記憶の井戸を掘り，掘り出された記憶（遺産）を地域全体の中で保存・展示・活用していく博物館づくりであり，地域遺産の遺産相続の仕掛けづくりとそのための運動」（吉兼 2000: 85）と表現される。

(23) 今日のインタープリテーションの道筋をつけたのは，アメリカのロッキー山脈においてネーチャーガイドとして活躍したミルズ（E. A. Mills）であったといわれているが（『インタープリテーション入門』，p.16），インタープリテーションに対

第4章 ＜環境アトラクション＞のマネジメント　133

する最初のアイディアはスイスで考え出され実行されたものであるという（『日米インタープリテーション研修会2000報告書』（p.24））。

⑳　たとえば，世界観光機関（WTO）は，国立公園においてインタープリテーション・プログラムが無いのは，「客を自宅へ招き入れながら客を置いたまま自分は消えてしまうのと同じだ」という表現によってインタープリテーションの役割を示し，ビジターがその場所を訪れてよかったと思うようにさせることがインタープリテーションの役割であると述べている（World Tourism Organization & United Nations Environment Programme 1992 p.36）。

㉕　インタープリテーションは，ヘリテージという観光対象（アトラクション）を訪れることによってインフォーマルな教育を求めるビジターに対応する役割を持つ。

㉖　当初はエンターテイメント的な目的を持たなかったインタープリテーションであったが，競争が激しいヘリテージ産業において，大規模な民間セクターがビジターの満足感を保証するためエンターテイメント的要素を強調するようになった。さらに，テクノロジーが駆使されることによってオーセンティックな歴史的「経験」が創造される傾向にある。

㉗　エンターテイメント的価値がますます重要性を持つことによって，インタープリテーションはヘリテージという観光対象（アトラクション）に対するビジターの理解を手助けするものとしてではなく，サイトを訪れたあるいはこれから訪れようとする人々に対して観光対象（アトラクション）をさらにアピールする役割を持つようになった。このことから，インタープリテーションはマーケティングの分野でいわれる製品開発の一手段として考えられ，ツーリズムにおける「付加価値を持つ製品」と考えられるようになった。

㉘　アトラクションのなかには，インタープリテーションのための媒体を，サイトのマーケティング，とりわけプロモーションのためのストラティジーとして使用している。

㉙　80年代，地域の経済的発展に対するヘリテージ・ツーリズムの貢献が強調されるようになったことを背景として，インタープリテーションはビジターに対してサイトの重要性を伝えると同時に，住民に対しては，地域における将来計画を伝えることによって積極的な関わりを促す役割を持つようになった。

㉚　インタープリテーションは，PR用手段としてだけではなく，プロパガンダとして使用されることがあると指摘される。

㉛　「インタープリテーションを中心としたプランニングにはビジター経験のプランニングが含まれることから，これらは同意語として捉えることができる。」(Planning for Interpretation and Visitor Experience. www.nps.gov/hfc/pdf/ip‑ve.pdf. 2000.4.20) という表現が，アメリカの国立公園サービス（Harpers Ferry Center, National Park Service）のwebサイトに見られる。ここでは，「これは 'how to'

的なマニュアルでも指導書でもなく，アプローチ，基準，意見，そして哲学である」と謳われている。

(32) 人間の感情に訴える「ホット・インタープリテーション」という表現が示されている（Uzzell 1989: 46）。

(33) インタープリテーションを提供するインタープリターとガイドの違いについてポンドはつぎのように説明している（Pond 1993: 73）。インタープリターは国立公園などの限られた場所において活動することが多いのに対して，ガイドは街や地域をツアー参加者とともに旅行することから，ガイドより活動範囲が限定されることが多い。ガイドすることとインタープリテーションを行うことは実際には同じことであるにもかかわらず，二つの「陣営」の間には最近まで互いのコミュニケーションがなかった。このようなギャップができた理由のひとつとして，公・私各セクターのオペレーションが異なるかたちで進められてきたことが挙げられる。

(34) 「エース JTB 屋久島種子島・指宿」（2000年7月～9月名古屋発着）。

(35) 「JALSTORY」（1999.10－2000.3 大阪発）。

(36) （「自然の遊び場　西日本アウトドアフィールドガイド屋久島・白山」通巻412号，p.8）。

(37) たとえば，「伝説の深き森を守れ　世界遺産屋久杉の島」（NHK「プロジェクト X」，2000年11月5日放映）などのテレビ番組において。

(38) たとえば，「「世界遺産」屋久島でし尿汚染，悪化の一途共存に甘え許されぬ」（記者の目『毎日新聞』1999年9月10日オピニオンワイド）など。

(39) 『るるぶ屋久種子奄美』（るるぶ情報版九州16）1997年。

(40) 「ACEJTB 奄美大島，与論島，徳之島，種子島，屋久島」（'98.4月～9月）。

(41) 「屋久島種子島・指宿」日本交通公社（'99年4月～9月名古屋発着）のパンフレットに記載されている「屋久島エコツアー」の一コースとして。

(42) 屋久島観光協会が出している「荒川登山口－縄文杉」のガイドマップには，縄文杉の樹齢が2000年～7200年と書かれている。

(43) 『生命の島』No.34，1995年，p.95。『生命の島』は，屋久島発の季刊誌で，95年度の NTT 主催「タウン誌大賞」を受賞。さらに，1999年度は，南日本新聞による「南日本文化賞」を受賞している。

(44) これらの表現は，『生命の島』（No.10, 1988年），「虹の広場」において組まれた「特集・縄文杉とその世界にふれて」（pp.10－29）に見られたものである。

(45) 「幹に触ろうとする人が絶えなかったため，根が掘られたり，踏み付けられたりして，縄文杉の生命が危険にさらされたための処置」（「屋久島は世界に誇れるか？」『岳人』9月号，1999年，p.141）という。展望台については，新聞においても報道されている（『朝日新聞』「登山客が「一極集中」長寿保つ窮余の一策　縄文杉に展望デッキ」1995年12月20日）。

(46) 環境庁屋久島管理事務所によると，屋久島への入り込み者の約8％が縄文杉を

見ていることになり，それは年間 32,000 人弱，一日平均約 90 人であるという「縄文杉は，年間どのくらいの人と会っているか」，「環境庁屋久島管理官事務所レンジャーステーション情報⑨」『生命の島』No.42. 1997 年, p.32.「環境庁屋久島管理官事務所レンジャーステーション情報⑩」『生命の島』43 号, 1997 年, p.28.

(47)「屋久島には，屋久島固有の植物が群生しています。少しの破壊から植生全体が壊れてしまいます。特に縄文杉は根を踏まれたり，皮をはがれたりして，とても痛々しい状態です。」(屋久島観光連絡協議会発行のパンフレットより)。

(48)「レクリエーション利用のためには年間 2 億 3000 万～7000 万円の費用が投入されているのに対して，生態系維持のためにはわずかに 3000 万～5000 万ほどしか投入されておらず，屋久島の現状では生態系維持には相対的に少ない費用しか投下されていない。屋久島環境文化村マスタープランでは，生態系を保全しながら人と自然とのふれあいを実現するとしているが，現実をみると，生態系維持よりもレクリエーション利用が重視されているといえよう」(栗山他 2000: 57)。

(49)『JAC 機内情報誌』No. 5, 1999 年, pp.14-16。

(50)「JTB ハイキング&トレッキング　JTB サン&サン関西」('98. 5～9)。

(51)「JAS ナイスウィング　秘境大自然探訪　屋久島・種子島」('98. 4-9 大阪発)，エコツアーの主催会社は屋久島野外活動総合センター。

(52)「年間 15 万人の 3％程度である 4～5 千人と推測されている」(松本 1998: 324)。「1995 年の調査によると，ガイド (3 業者) の利用者は屋久島の観光客全体の 2.8％である」(「「ガイドさん」について気のついたこと」『生命の島』No.44, 1998 年, p.66)。

(53)　鹿児島県発行の『屋久島環境文化村マスタープラン』(1993) では，「自然体験型観光「エコツアー」の開発」が挙げられている。また，屋久島の自然保護に詳しい研究者も著書において「屋久島の自然の学習にはエコツアーが望ましい。屋久島ではバスが通るところは限られており，バスガイド嬢を山の中に連れていくこともできない。専門的なガイドに案内されて，安全に学習ができ，しかも自然や環境が守られる」(田川 1994: 178) と述べている。

(54)「ガイドの在り方を考えるべきとき」『生命の島』No.43, 1997 年, p.94。

(55)　松本 (1998: 311-313)。ツアー参加者について同社代表はつぎのように続ける。「ガイドが付いていたから今までの旅行とは違う素晴らしい体験ができた」と感謝される。そこには，縄文杉にいけなかったという苦情や，料金が高いなどということはほとんど出てこないのである」。

(56)　市川聡「屋久島におけるエコツアーの現状と課題」『国立公園』No.530, 1995 年, p.24。

(57)　財団法人自然環境研究センターによって，『山に十日・海に十日・野に十日』という「屋久島エコツーリズム・ガイドブック」(1996 年) が出版されている。このようなガイドブックも＜環境アトラクション＞の重要なマーカーとなる。

⑸⑻　ツーリストが資源保護に関わる例としては，たとえば，地域住民主導型エコツアーを行っている地域として注目される西表島が挙げられる。この島では島内で目撃された生き物の情報をツーリストが書き込むことができる「生き物掲示板」が設置されることによって，地域の資源保護にツーリストを取り込む仕組みができている。

⑸⑼　敷田と森重は，エコツーリストが地域の自然環境やその保全に関する知識を媒介する働きとして，知識の活用に焦点を当て，エコツーリズムを創造するサーキットモデルを提示している（敷田・森重 2003）。彼らが考えるサーキットモデルとは，地域内外の多様な知識（を持つ人々）が地域の中で協働し，エコツアーという目に見える形をつくりだすことで，新たな賛同者を参加させるモデルである。そこでは，エコツーリズムを地域の持続可能性を高めるツールと考え，それを活用することによって地域の持つ価値の再評価が進められる可能性が示されている。

第5章
観光サービス／ホスピタリティ空間のマネジメント
－ジェンダーという視点から－

1 観光サービス／ホスピタリティ提供のメカニズム

　ツーリズムという活動が成立するためにサービスは重要な要素である。サービスが生産される空間は，ツーリストとそれに対応する人々によって形成される。そのため，ツーリズムという＜場＞は，「ホスト／ゲスト」[1]，「もてなす側／もてなしを受ける側」，あるいは「サービスを受ける（要求する）側／サービスを提供する側」という二者の関係がどのように位置づけられるかによってその特性が大きく異なる。そして，そこには，両者間の関係性を維持するためのメカニズムが存在する。

　これまでみてきたように，ツーリズムという活動が成立するために重要な要素であるアトラクションという資源は，それに付随する活動と場所のコードを規定する。そのため，アトラクションがツーリストに対して呈示されるために必要なサービスを提供する人々の活動は場所のコードによって規定される。ツーリズムは，特定の社会関係とホスト側の特性を購入する活動である。その

ため,そこで提供されるサービスにはさまざまな社会的要素が織り込まれることによって,消費されるサービスは社会的に構築される。

観光産業(あるいはホスピタリティ産業と呼ばれる)[2]は,「基本的に人の産業である」(Sheldon 1989: 496) といわれる。「サービス」,「もてなし」,「ホスピタリティ」などの言葉が頻繁に使用されるツーリズムの重要な構成要素は,ツーリストの活動をサポートする「人」である。マス・ツーリズムの出現は,ホスピタリティ産業を成立させた。マス・ツーリズムにおいて,ゲストが接する「ホスト」の多くはホスピタリティ産業に従事する者である[3]。たとえば,地域におけるツーリズムの発展においては,それまで家族経営による宿泊施設において明確にされていたホスト・ゲストという社会関係が,ホテルに取って代わられることによってゲストとは対面的接触を持たないサービス提供者が作り出された。そのような状況において,新たに派生するのは経営者・労働者という社会関係である。サービスを提供する側とサービスを受ける側によって形成される空間には,ツーリストに対して直接・間接的にサービスを提供する者がいる。そのため,サービスが提供される空間は,サービス提供者として,またサービスを提供される側としてそこに誰が入ることができるのかが限定される。

ツーリストにサービスを提供するセクターは,大きく分類するとフォーマル・セクターとインフォーマル・セクターがある。その区分要因には,観光事業の規模(大規模なホテルやレストランはフォーマル・セクター,小規模なホテルやゲストハウスはインフォーマル・セクターに分類される)や,クレジットカードを受け付けるかどうか,また定期的な給与の支払いが行われるか,などが挙げられている (Oppermann 1993: 543)。さらに,フォーマル・セクターは資本中心であるのに対して,インフォーマル・セクターは労働中心であるという。ツーリストが受けるサービスは,異なるタイプのツーリストがどのようなツーリズムを選択するかによってそのサービス・セクターが異なる。と同時に,それぞれのセクターにおいて提供される観光サービス労働の特性は,ツーリストが求めるサービスによって異なる。

第5章 観光サービス／ホスピタリティ空間のマネジメント－ジェンダーという視点から－　139

　ツーリストとサービスを提供する側によって成り立つサービス／ホスピタリティ空間の特性は，観光産業が発展する前後ではその経済的価値という点において大きく異なる。ここで重要なのは，サービスとホスピタリティの違いである。一般的に，ホスピタリティはサービスに比べ，より主観的であることから，その評価やマネジメントが難しいものと捉えられている[4]。サービス提供者による労働を通じて，ツーリズムという＜場＞において呈示されるホスピタリティは，サービスに文化的および地理的要素を加えた複合体としてのツーリズム・プロダクトが生産かつ消費されるそのプロセスに関わる。そのため，ホスピタリティはその経済的役割と同時に，サービス空間の秩序を維持する役割をも併せ持つ[5]。スミスは，ホスピタリティはツーリズムに常に見られるものであり，消費者が求める「何か特別な」という期待であると考え，サービスとホスピタリティの違いをつぎのように述べる（Smith, S. 1994: 588-589)。「サービスは仕事を遂行するための技術的に必要なパフォーマンスであるのに対して，ホスピタリティはその仕事を遂行するための態度やその表現方

写真5－1　ツアーバスの前でツーリストに土産物を売る人々（ベトナム・ホーチミン）

法を指す」[5]。

　このように，「何か特別なサービス」に対するツーリストの期待とそれを特別な経験とするホスピタリティ空間を創出するためには，空間のマネジメントが重要となる[6]。たとえば，ホテルという空間の秩序を維持するためには，ホテルにおけるホスピタリティ提供のメカニズムが存在する。それは，ホテルという空間が人々に呈示されるために行われる印象操作としての空間のマネジメントであり，物理的空間としての「公・私」の区分である（Mars and Nicod 1984；Wood 1994）[7]。しかしながら，ホテルのような社会的性格を持つ宿泊施設とは異なり，ホームステイ（家庭滞在）やファームステイ（農家・農場滞在）などでは，「公・私」という区別がホテルのようには明確ではないため，ホテルとは異なるホスピタリティ提供のためのメカニズムが存在する。たとえば，家族経営による民宿におけるホスピタリティの表出には家庭という空間が密接に関わることから，このような空間におけるホスト・ゲスト関係は明確に規定できない。それは，このような宿泊施設においては，友情と金銭（経済的取引）との境界を定めることが難しいからである。

　都会の人々が期待するファームステイのような宿泊施設におけるホスピタリティは，「家庭的な空間」において「都会」と「田舎」を仲介する役割を通して示される。このようなホスピタリティが文化的価値として示されているのがイギリスのファームステイの事例である（Bouquet 1987）。この事例において取り上げられているのは，ゲストが期待するホスト側の役割であるが，それは，主婦が家庭という空間に対して行使する力として示されるホスピタリティである。ホームステイという宿泊空間における規則はゲストの協力によって保たれる。主婦によってゲストに提供されるサービスを越えたホスピタリティは，ゲストがリピーターとしてその家庭を再び訪れるかどうかを左右することから，両者の関係は友人関係へと発展する可能性を持つ。これは，ホームステイという宿泊空間が，経済的なやりとりのレベルを超えた感情レベルにおける関係を構築するための空間として存在することを意味する。

　このように，宿泊施設という空間が持つ意味はそれぞれの施設の特性によっ

第5章 観光サービス／ホスピタリティ空間のマネジメント－ジェンダーという視点から－　141

て異なることから、そこにおけるホスピタリティの表出は異なる形をとる。しかしながら、それぞれの空間において共通するのは、ホスピタリティとしてツーリストに対して示される「公」・「私」という異なる空間における秩序の維持である。ホームステイやファームステイという状況においては、歓迎という行為によって「公（客）」と「私（家族）」の境界が定められる。このような宿泊空間を提供する側は、その空間をどのくらいオープンにするかその程度は異なるものの、自分の家庭におけるよそ者の「侵入」によってビジネスを成立させる。ゲストも支払いの対価として、そのような家庭というプライベート空間へ入ることを期待することから、ここではプライバシーのマネジメントが重要となる。このような状況において、ホスピタリティはサービスを提供する側とそれを受ける側との間においてその価値が交渉される対象として存在する。そのため、このようなホスピタリティ空間を経済取引の有無によってその境界を定めようとした場合、友情と金銭という二項対立的関係は個人的レベルにおいてその価値がどのように交渉されるか、そのプロセスが重要な意味を持つ。それは、サービスを提供する側の「公／私」や「表舞台／裏舞台」という区別を極として、物理的境界のみならず心理的空間境界として示されるホスピタリティの価値を決めるためのプロセスである。このプロセスには、サービスに付随する感情の生産という側面が関わる。そのため、サービス提供者が示すホスピタリティについて考えるためには、そのオーセンティシティを決める社会的状況をみる必要がある。

　感情労働が広く必要とされるのは、密接で個人的な注意・注目が必要とされる仕事においてである[8]。ホスピタリティ労働は感情労働として市場に出されるが、ツーリズムにおけるサービス空間は個人的な注意・注目が特に必要とされる。そのため、宿泊施設や輸送機関においては、「家庭のようなおもてなし」が提供される、と謳われることが多い。感情労働を他者の必要に柔軟に対応するために組織化されたものとして捉えるジェームスは、つぎのように述べる（James 1989: 26）。「感情の規則（化）は、場所、人々、さらには組織によって形成されるが、感情労働はそれが遂行される状況から離れて存在するの

ではなく，むしろ，感情労働が行われる環境が感情労働そのものの内容や形に対して影響を与える。それは，感情は世話をすることに関わるとともに，社会的規則のための主要要因だからである」。

このように感情労働を捉えた場合，感情の規則化は感情労働の核として，労働力の維持や継続に関わる。では，感情労働の規則化はどのような状況において生じるのであろうか。「感情のマネジメント」という概念を示すことによって，ホックシールドは，アメリカの航空会社の女性乗務員が機内における業務がうまく進められるように，乗客を「自宅への来客」であるように対応することをトレーニング過程においていわれること，さらに，機内でのサービス業務に携わる女性乗務員に期待されるパーソナリティが主婦業と同質性を持つものであることを指摘している。(Hochschild 1983)[9]。

感情の種類や程度を変化させようとする試みとして示される感情のマネジメントは，感情がマス・プロダクションの規則に従って市場に出される社会的プロセスである。それは，私的な感情の市場化を意味するが，このようなプロセスにおいては，感情の商品化が感情の合理化（感情を計算可能なものへと変化させる試み）を基盤にしてそれに交換価値を与える。このような社会的プロセスとしての感情労働が提供されるホスピタリティ空間は，感情表現がどのように促進されかつ規制されるのか，という感情労働の価値を定める社会関係によって規定される。つまり，ツーリストのためのサービス空間では，誰が「ホスト」としてツーリストを迎えるのか，さらには，その空間（「女らしい空間」あるいは「男らしい空間」）におけるサービスに人々が何を特別に期待するかによってそこで生産される社会関係が定められる。ホックシールドが指摘したのは，経済的交換によって成立する航空機内において，客室乗務員は単に働くだけではなく，そこに家庭らしさが加わる客室という状況を積極的に生産しているその社会的なプロセスであった。

社会空間として示されるサービス／ホスピタリティ空間において，「女らしさ」という要素が織り込まれたツーリズム空間の形成プロセスを検討することは，女性労働を資源とするツーリズム・システムを問うことである。それは，

第5章　観光サービス／ホスピタリティ空間のマネジメント－ジェンダーという視点から－　143

アトラクションという資源が呈示されるために付随する活動としてのサービス労働が，サービス／ホスピタリティが提供される社会空間としての「地域」におけるジェンダー・コードとどのように関わりを持つのか探ることを意味する。

2　観光サービス労働とジェンダー

　ツーリズムにおけるサービス労働は，販売，宿泊，飲食，エンターテイメント，輸送などがそのおもなものとして挙げられるが，ツーリズムに関わるサービス労働をジェンダーという視点から捉えた場合，そのアクセスにはジェンダー・コードがサービス／ホスピタリティ空間の形成に関わる。まず，ツーリズム関連の労働については，季節的でかつ短期労働やパートタイムという労働形態が多いこと，さらには未熟練労働や低賃金などの特徴が男女に共通して見られるが，このような不安定な就労形態は男性と比較して女性により多く見られるうえに，就労することが可能な職種に対するジェンダー化が存在する[10]。

　ジェンダーによる職業の固定化はホテルにおいて顕著である（Long and Kindon 1997；Purcell 1997；Sinclair 1997b），という。ホテルにおける性別分業は，つぎのような二つのタイプに分類される。ひとつは，低賃金で働く女性が雇用されることが多いため，結果として性別分業が生じるような性別を問わない雇用であり，具体的には掃除やクリーニングなど，直接ツーリストと接しない労働がその例として挙げられる。もうひとつは，女性という性が男性にアピールされるような特定の職種に女性が就くことによって性別分業が生じるような雇用である。このタイプには，ホテルのフロント係りなどがその職種として挙げられる。女性の身体的魅力によって男性客を引きつけるような労働として，店舗やレストラン[11]，さらには，エンターテイメントの分野における労働もこのタイプに入る。

　ホテルと同様に，遊園地などのレジャー施設における雇用には，ジェンダーによって決められる労働の特性が表出される。たとえば，高速の乗り物の操作

スタッフには男性が, 飲食関連サービスの補助労働には女性が雇用される傾向について, アドキンズはつぎのように指摘する (Adkins 1995: 98-105)。「乗り物の操作に関しては身体的な強さが必要とされないにも関わらず, 若い男性が雇用されるのは雇用者側が考える「適正性」に拠るが, 女性が飲食関連サービス係りとして採用される際にはそのような「適正性」はなく, 飲食関連サービスの補助労働は「女性の仕事」だからである」。それは, 観光サービス労働に携わる男女の行動に伝統的規範が期待されている場合, そこで生産されるツーリズム・プロダクトには性別化された関係が織り込まれることによって, 現行の分業化された労働構造をさらに強要することへの指摘である。

　ツーリズムに関わる雇用には, 性別分業の他に社会的分業が女性間においても見られるが, そこには, 労働の場としてのセクターの違い(フォーマルおよびインフォーマル)や観光関連施設の規模や働く女性の年齢, 未婚・既婚の違い, 教育などの要因が関わる。たとえば, バリ島(インドネシア)やボロカイ島(フィリピン)においては, 未婚女性は規模が大きい施設で, そして既婚女性は規模の小さい施設で働く傾向が, さらには, 教育がある未婚女性はフォーマル・セクターで, そして既婚女性はインフォーマル・セクターで働く傾向が見られる (Chant 1997; Long and Kindon 1997)。そのため, 女性の年齢や未婚や既婚の違いは女性の収入に関わる重要な要因となる。なかでも, 若い独身が好まれ, 女性の身体的な美が求められるホテルにおいては, 若い女性がツーリズム関連の労働によって経済力を持つ傾向が見られる。このような女性間に見られる分業には, 年齢や教育や未婚・既婚の違いの他に, 人種やナショナリティという要因が加わる。とくに, 人種という要因はエンターテイメント関連の職種と密接に関わる[12]。

　ツーリズムは伝統的な女性の家事労働を公の領域に移行させた。そのため, 観光関連施設における女性の雇用は, 家事労働の延長である低賃金の仕事に限定されがちである。さらに, 女性は賃金労働と無賃金労働の差が男性に比較して明確でなく, 賃金労働と家事・育児労働との関係が曖昧な場合が多いため, 家事や育児の負担のほかにツーリズムによって生じた対人サービスの増加によ

り，二重労働という過剰な労働負担を抱える傾向にある[13]。このような傾向は，宿泊施設における家庭的な対人サービスが重要視されるツーリズム形態において顕著であるが，女性の二重労働が生じる状況は，地域や国や職業などによって異なる。たとえば，メキシコのプエルト・バヤルタのホテルで働く女性は家事もこなさなければならないが，フィリピンのセブ島においては家事労働は男女分担が多い（Chant 1997）。しかしながら，この二つの地域において共通して見られるのは，ともに小規模な家族経営の宿泊施設における女性労働と家父長制との密接な関わりである。そのため，地域の男性は宿泊施設における女性の対人サービス労働を家事や母親の役割として認識するなど，観光に関わる女性労働に対しては育児や家事労働といった女性の再生産的役割が強調される傾向にある（Momsen 1994；Levy and Lerch 1991）。このような傾向は，家父長制的な男性支配の社会・経済的な構造と結びつくことによって表出する女性サービス労働の特性として捉えることができるが，それは観光施設の規模と深く関わる。地域における観光施設の規模は観光開発の規模と相関する。そのため，地域や文化によって異なるジェンダー関係は観光施設の規模との関わりにおいて示される。

　観光サービス労働は，プロダクトの生産に関わる労働としてその特性が決められるが，労働に対する需要はツーリストが目的地において何を期待するかによって異なるとともに変化する。都会とは異なる地域における生活体験を望むツーリストとホストの間に新たな社会関係が生じている例のひとつがイギリス南西部の漁村セネンである。この地域においては，伝統産業の漁業が衰退するなかで興ったツーリズムにおいて，ツーリストと直接接触することが多い地域の女性が地域の人々とツーリストとの仲介的役割を担うようになったという（Ireland 1993）。また，スペインの農村地域では，宿泊施設の運営に携わる女性がツーリストに地域を呈示するという大きな役割を担っているという（Garcia-Ramon et. al：1995）。この地域では，男性と比較して，家庭外におけるインタラクションの機会が限られていた女性が，ツーリストによって評価される地域の風景や景観（家，庭，農地など）の保護に対する関心を高めてい

るという。ツーリストとの接触機会の増加は，メキシコのマヤ族やパナマのクナ族や中国のサニ族の少数民族の女性に変化を生じさせている（Swain 1993; Cone 1995）。その変化とは，かつて家庭や地域内における使用に限られていた伝統手工芸品を観光用に製作・販売することによって，女性の伝統的役割であった「女の仕事」が経済的価値を持つ労働として捉えられるようになったことである。このような変化は，その土地の伝統工芸品に興味を持つツーリストがそれを製作・販売する女性と工芸品の購入を通じて交流を持つようになったことによって生じたものである。

　これまでみてきた事例には，社会的セクシュアリティが女性の雇用やツーリストとの社会的インタラクションを制限する要因として作用する一方で，伝統的女性の労働に対する見直しが女性の経済的自立や社会的地位の向上に結びつくことが示されている。観光サービス労働を静的な枠組みにおいて捉えた場合，ジェンダー，セクシュアリティ，そして労働の分業化は互いに強化作用を持つ。しかしながら，ダイナミックな枠組みにおいて捉えた場合，それらは外的要因によって変化する可能性を持つ。

　ツーリズムが形成されるプロセスに関わるジェンダー関係は，ツーリストを送り出す社会と迎える社会両方の社会慣行によって明確にされる。事例からは，ジェンダーによって異なる役割への期待が特定の観光サービス労働において見られたが，ツーリズムという＜場＞におけるジェンダー関係が社会的・文化的に構築される諸相には，ジェンダーがツーリズムの表出に影響を与える一方で，ツーリズムはジェンダー関係を変化させる要因ともなることが示されている。それは，人間関係とともに変化するダイナミックな概念として示されるジェンダーがツーリズムに影響を与え，かつその動きに対応する変数であることを意味する[14]。

3 「地域」という空間のマネジメントとジェンダー

　地域における労働構造の維持あるいは変化という点において，ツーリズムにおけるサービス労働には地域のジェンダー関係が表出される。近年，伝統文化の再評価と観光開発が密接な関係を持つことによって，住民が地域におけるヘリテージ・マネジメントにどのように関わるかが重要な問題となっている。ツーリズム・プロダクトがどのように構築されるかをジェンダーという視点から捉えることは，ツーリストが地域を訪れることによって必要となるサービス労働に対する男女の関係性を，地域におけるツーリズム・システムとジェンダー・システムとの関わりにおいて捉えることである。

　スウェンは，ジェンダーを「文化的に構築されたアイデンティティのシステム」(Swain 1995) と述べる。このようにジェンダーを捉えた場合，サービス／ホスピタリティ労働におけるジェンダー・コードは，地域の文化コードとして示される。地域のジェンダー・コードは観光サービス労働における家事労働の再生産を通じて強化される反面，インタラクションによる女性のエンパワーメントをも生じさせる。たとえば，家事労働の延長としてのサービス労働に従事する女性のなかには，ツーリストによって評価される環境の価値に対する気づきとその保護への関心を高める者もいる。それは，ツーリストと直接対面的接触を持つことが多い女性が，地域の人々の暮らしに直接触れることを望むツーリストに対応する小規模なツーリズム（オルタナティブな空間）という設定において重要な役割を担っているからである。

　先述のように，観光サービス労働に関わる多くのワーカーのなかには，男女ともにツーリストと対面的接触をもつ機会が限られた人々が多く存在する。しかしながら，規模が小さい家族経営による宿泊施設においては，対人サービスの多くが女性によって提供されている。それは，対面的サービスが提供される家庭的な空間を維持する役割を女性が期待されるからであるが，そのようなサービス労働が提供される空間はツーリズムの生産に関わる女性が地域における資源の価値を変化させる実践の＜場＞ともなる[15]。

一般的に，女性はビジネスや雇用機会を小規模な観光関連施設において見つけることが多い（Castelberg-Koulma 1991；Garcia-Ramon *et al.* 1995；Shaw and Williams 1994）。そのため，オルタナティブ・ツーリズムと考えられるツーリズム形態においては女性のエンパワーメントが促進されると一般的に考えられているが，伝統的な性役割に変化は見られず，かえってホスト社会においては既存のジェンダー関係が強化される傾向がみられる。このように，男女間における雇用機会の不平等をツーリズムによって生じるマイナスのインパクトとして捉える立場からは，男性優位のジェンダー・ギャップが指摘される。一方で，雇用によって生じる女性の経済的自立や社会的地位の向上，さらには新たな役割獲得などが女性のエンパワーメントとして捉えられている。たとえば，キプロス島北部の大規模なホテルでは，以前は都会の教育のある女性がその担い手であったホワイト・カラー用の女性雇用機会が地域の女性に対しても開かれることによって，地域におけるジェンダー関係に変化がみられる（Scott 1997）。また，サモアの観光産業においては，女性が企業家としてイニシアティブを発揮し，経済的成功を得た女性はその成功を自分のためだけではなく，家族や村の人が新しいスキルを得るための機会としているという（Fairbairn-Dunlop 1994）。セブ島においては，子育てを自らの経済力において行うなど，女性は家父長制の家族構造から自立しているが，それはホスピタリティ産業に従事する女性たちの収入が地域社会におけるそれと比較して高いことによって可能となっているからである（Chant 1997: 155）。

観光サービス労働に伴う女性の経済的自立は，女性の移動という現象を生じさせている。たとえば，スペインの地方からコスタ・ブラバのリゾート地へ移動する若い未婚女性の経済的自立は，男女交際や家庭内における自由度に影響を与えているという（Lever 1987）。また，女性同士の経済的・社会的な支え合いが行なわれることによって，協同組合のリーダー的存在の女性のなかには，以前は男性によって占められていたコミュニティ内の役割を担う者もあらわれている（Swain 1993）。フィリピンのボロカイ島では，宿泊施設のコテージ運営に携わる者によってつくられた協会の活動において，女性が重要な

役割を果たしている (Smith V. L. 1992)。このような宿泊施設の運営を中心とした協同組合の活動に関する事例には、とくに若い女性の地域内における社会的地位の向上や伝統的役割以外の選択肢の増加、また家庭内における発言権の増大などがみられる。女性間のネットワークが組織としてうまく機能している例として挙げられるのが、農家の女性によって所有・運営されるギリシャの女性共同組合の活動であろう。この組合の活動は、女性とツーリストとの対面接触の機会を築いたばかりでなく、地域女性のアイデンティティの構築にも影響を与え、女性の経済的自立を可能にしたという (Castelberg-Koulma 1991 ; Leontidou 1994 ; Iakovidou and Turner 1995)。オルタナティブ・ツーリズムの地図に載るようになったというこの組合の活動は、女性ばかりでなく地域住民全体の雇用機会の創出にも役立つことによって地域を活性化させ、さらには、地域の文化や自然遺産の保護にも関わっているという[16]。

　女性の観光サービス労働が地域のツーリズム・プロダクトの形成に密接に関わるのがアグリ・ツーリズムやファーム・ツーリズムというツーリズム形態である。ヨーロッパにおいては、このようなツーリズム形態が農業生産に代わり、農村地域の再構築（再生）方法として促進される傾向にあるが、伝統的なジェンダー・ロールは女性のこのようなツーリズム形態への参画を促進する要因となっている。それは、新たな経済活動としてのファーム・ツーリズムの成功の鍵となる女性労働（従来の家事労働の延長）の、宿泊客に対するサービス労働への移行が比較的容易に行われたからである。このようなツーリズム形態における伝統的ジェンダー・ロールは、家族経営のような小規模な宿泊施設という枠組みにおいて、女性労働の再生産という特性をもつと同時に、女性が新たなステージにおける社会関係を築くための機会ともなる。このような場合、ジェンダー化された労働の分業化に変化はない。しかしながら、小規模な経済生産というコンテクストにおける地域のジェンダー・ロールは、そのような労働が収入に結びつくことによって、地域の再構築というプロセスに不可欠な要素となる。

　マス・ツーリズムが成立する以前のプロセスにおいては、インフォーマル・

セクターを中心としたツーリズム活動が行われる。マス・ツーリズムとの対比において注目されるオルタナティブ・ツーリズムは，その規模が小さいことを特徴とすることから，インフォーマル・セクターにおいて展開されているツーリズムであるかのように捉えられがちである。しかしながら，オルタナティブ・ツーリズムはインフォーマルなツーリズム・セクターにおいて行われる活動に戻ることを意味するのではない。それは，たとえインフォーマルなツーリズム・セクターにおける小規模な活動であっても，そこにはツーリズム活動を維持するための制度が定められているからである。たとえば，アイルランドの「ファームステイ」においては，それが公的に認められるためにはゲストのために用意される最小限の空間が確保されている必要があるという（Pearce, D. 1992）。それはゲストがファームステイによって受けるもてなしとともに，自分たちのプライバシーをも大切にするからである。

　マス・ツーリズムのオルタナティブとは，範囲を限定することによって詳細にこだわることである。ここで重要となるのが，観光開発と地域の発展との関

写真5-2　「どぶろく祭り」で地域住民に混ざってどぶろくを振舞われるツーリスト（岐阜県・白川村）

わりであり,「内発的」と「外発的」という二つの異なる地域の発展形態である。「地域」を内発的発展の単位として捉える鶴見はつぎのように述べる（鶴見 1996: 22）。「近代化論が「価値中立性」を標榜するのに対して，内発的発展論は，価値明示的である」。さらに，鶴見はつぎのように続ける。「「小さいこと」が大切なのは，住民自身が，その生活と発展との形を自ら決定することを可能にするためである。単位が小さいことが，自治の条件だからである」(p.24)。ここで鶴見のいう，地域の「内発的」開発とは地域の自律性を指す。このような開発は，ツーリズムというコンテクストにおいて，マス・ツーリズムに対するオルタナティブなツーリズムとして示される。小規模な経済生産として示される地域主導型のオルタナティブ・ツーリズムは，地域の観光施設（サービス労働を提供する場所）の規模を定める観光開発と関わる。観光開発は，そのプロセスにおいて地域における労働構造の維持あるいは変化に影響を与える。地域や文化によって異なるジェンダー関係は，地域の価値を決める要素の関係性を示す地域のツーリズム・システムと密接に関わる。たとえば，地域のヘリテージのマネジメントに男女の地域住民がどのように関わるのか，その関わりかたは，地域のヘリテージというツーリズム・プロダクトとして示される。

オルタナティブ・ツーリズムは，マス・ツーリズムの対極に位置するものとして，地域の視点，つまり地域の自律性を重視したツーリズム形態であるとされる。ツーリズムの自律性とは，外部からツーリズムのあり方が規制されたり，条件づけられることがない形態を指す[17]。しかしながら，地域の自律性を重視したツーリズム形態をジェンダーという視点から捉えた場合，家事労働の延長としての女性労働を必要とする観光振興が地域経済のオルタナティブとして語られることへの疑問が見られる[18][19]。

ジェンダー関係は，先進諸国と途上開発諸国というような社会的構造の分類を横断して，ツーリズム現象に広く見られる。そのため，ツーリズムに関わるサービス労働には，社会的状況という固有のレベルのジェンダー現象がツーリズム構造との関わりにおいて表出する[20]。ジェンダー化された労働の供給

写真5-3　物産品を販売する女性（長野県・高遠町）

という面において，ツーリストによって持ち込まれた伝統的規範とは異なる価値システムが地域におけるジェンダー関係に影響を与える結果，地域のジェンダー・システムは変化する可能性をもつ。外部の者に対して地域をどのようにみせるか，つまり，地域がツーリズムというシステムを構築するそのプロセスにおいて，ジェンダーというシステムがどのように組み込まれるのか。そして，それによって地域におけるジェンダー・システムがどのように維持されるのか，あるいは変換されるのか。このような点からみる＜オルタナティブ＞という空間は，ツーリズムという生産システムを機能させ，かつ維持してゆくために，サービスを受ける側（ツーリスト）とそれを提供する側双方の交渉あるいは協働によって地域の価値を決めるそのプロセスを示す。

　ジェンダー規範は社会や文化によって異なる。女性による観光サービス労働はどのような資源的意味をもつのか。「女らしい」役割への配慮に向かわせることによってそれが地域のホスピタリティとして表出するのか。それともエンパワーメントという実践が行われるのか。それは，ツーリズム・プロダクト

第5章　観光サービス／ホスピタリティ空間のマネジメント－ジェンダーという視点から－　153

が生産および再生産されるプロセスにおいて示される。ツーリズムというシステムにおいて，ジェンダー関係がどのようなメカニズムで決められるのかという点において注目されるのは，再生産という概念である。ルーマンは再生産を「同じものの生産のくりかえしなどではなく，再帰的な生産，生み出されたものからのさらなる生産を意味する」（ルーマン 1993: 76-77）ものとして捉えている。

　このような視点からツーリズムにおける女性のサービス労働をみた場合，ルーマンのいうような「生み出されたものからのさらなる生産」を促すのはツーリストのまなざしである[21]。ツーリズムという活動を成立させるツーリストの存在は，対面的接触という状況においてプロダクトの構築に大きな影響を与える，つまりツーリズムというシステムを構成する要素の関係性に変化を与える。それは，たとえば，家族経営による宿泊施設に泊まるゲスト（ツーリスト）が女性のサービス労働をどのように捉え，かつ評価するのかという点においてツーリストの経験として示される。

　本章で取り上げたさまざまな事例には，ダイナミックなジェンダーという概念が女性の家事労働の再生産というプロセスにおいて，ビジネスのための機会やそれを可能にするための戦略の実践として示されている。この意味において，ツーリズムに関わる女性のサービス労働（ツーリストとの直接的な接触）は，地域におけるツーリズム・システムを維持させるための重要な要素となる一方で，インタラクションが生じる小規模な＜オルタナティブ＞という空間に新たな価値を与えるための資源ともなる。それは，＜オルタナティブ＞というツーリズムの＜場＞を形成するための重要な人的資源である。サービス／ホスピタリティ空間の価値を高める活動は，地域の文化コードを変化させ，つまり，地域におけるジェンダー関係の境界線を引き直すことによって地域における男女の関係性を変換させる可能性を持つ。そのような関係性の変換プロセスは，地域に新たな価値を付与するプロセスであり，観光サービス／ホスピタリティ空間としての地域の文化的価値に関わる。それは，旅行目的地となる地域住民との「出会い」の機会やその暮らしぶりの体験としての「社会アトラク

ション」[22]が呈示される空間を，インタラクションが生起する＜場＞とするための文化コードの変換を意味する。

＜注＞
(1) ツーリストと訪問先の地域住民の関係がツーリズム研究において，「ホストとゲスト」として表現されたのは，1977 年に初版が発行された *Hosts and Guests: The Anthropology of Tourism*（Smith, V. L. ed.）においてである。しかしながら，「ホスト」という表現は曖昧である。それは，ゲストとなるツーリストの訪問地の住民すべてをホストとして捉えることはできないからであり，観光関連産業で働く多くの人々はゲストと直接接触しない労働に従事している，などの理由に拠る。
(2) ホスピタリティ産業はつぎのように説明される。「アメリカではサービス産業の中枢を占める産業としてホスピタリティ産業というカテゴリーが認識されている。このホスピタリティ産業の拡大は第３次産業といわれる領域における変化の兆候を示すものである。hospitality industry とはツーリズムもしくは観光産業に代替する用語で，産業に携わる従業員がもてなしの良い人的要素としての職務があることに焦点を絞ったもので，ツーリズムの中で重要な位置を占めるホテル・モーテルなどの宿泊施設をひとつの範疇として示す用語としても使用されている」（服部 1994: 18-19）。
(3) ネッティコバンは，ツーリストに対するサービス提供者を「プロのホスト（professional hosts）」と呼んだ（Nettekoven 1979: 135）。
(4) ホスピタリティについては服部 1994: 33 を参照。
(5) 「サービス」と「ホスピタリティ」の違いについて，スミスは，つぎのように説明する（Smith, S. 1994: 588-589）。サービスはツーリストの必要性を満たすための仕事というパフォーマンスを指す。たとえば，ホテルが機能するためはマネジメント，フロント業務，客室の清掃，メイテナンス，飲食の提供などの部門が，そして航空機には操縦士や客室乗務員，さらに，空港におけるサービスや管制塔など輸送に関わる部門が必要である。そして，提供されるサービスの質は，要求される仕事を遂行する上で必要な知識や，技術のタイプおよびレベルに従ってそれぞれの従業員が仕事をどのように遂行するかそのパフォーマンスによって計ることができる。
(6) 「ホテル業務におけるサービスとホスピタリティの違いは，たとえば，フロントの場合，ゲストのための用務を手際よくこなすことがサービスであるのに対して，心を込めた笑顔での対応の他に，そのゲストに対して地域の飲食店の情報などを提供するなどの対応を行うことがホスピタリティである」（Smith, S. 1994: 588-589）。また，サービスとホスピタリティの違いについて，前者を「等価価値交換」，そして後者を「付加価値交換」という言葉で表現する服部（服部 1994: 92-93）は，

第5章　観光サービス／ホスピタリティ空間のマネジメント－ジェンダーという視点から－　155

後者において生まれる反復効果を，あらゆる産業分野においてリピーターといわれる客の存在を裏付けるものである，と説明する。
(7)　ホテルという宿泊施設は，ホスピタリティが生産されることによって，空間の秩序を維持するためのメカニズムが存在するが，それはゲストに対する印象の維持としてつぎのように示される（Mars and Nicod 1984）。ホテル側は，各々のゲストが自分は個人的にホテル側から滞在中に受けていると感じることができるような注意・注目を提供することが必要であるが，ホテルの経営上それは集合的に提供されるため，ゲストが受ける印象をいかに保つことができるかというマネジメント方法が重要な課題となる。そのため，ゲストの「マス／個人」やホテルのランクの「高／低」によって，それに対応するサービスが「ルーティン／緊急性」を極として提供される（中間のランクに位置するホテルにおいては，客の期待は明確ではないためマネジメントが難しい）。それは，ホテルという空間の秩序を維持するために行われるインタラクションのための規則である。それぞれの極におけるサービスという概念は，「個人」と「マス」によって示すことができる。一方，「ルーティン vs 緊急性」は，ホテルのランクによって対応方法が異なる。つまり，ランクが高いホテルの場合は，満足されるサービスを提供しているというホテル側の大変さを印象づけるための策略としてホテル側が奮闘しているという印象を，一方，ランクが低い場合は，サービス提供のすべてが通常通りであるという印象を与える必要がある。
(8)　「感情労働とは，業務内容のひとつとして明示的あるいは暗示的に適切および不適切な感情とその表出が規定されている職業において，規範的になされる感情管理」であると述べる岡原は，つぎのように続ける。「それは労働生産物それ自体が感情管理によって成立するような直接的で対人的（face-to-face）なサービス業務（接客，医療，看護，教育など）に顕著にあらわれている」（岡原 1997: 106）。
(9)　岡原は，ホックシールドによる「感情管理（操作）emotional management」という概念についてつぎのように説明する（岡原 1997: 105-106）。「ホックシールドはある特定の感情管理が労働者に対して雇用者や企業によって強制される事態を，いわば疎外論的な図式のなかで批判的に問題化した」。「感情規則は人の感情を直接に決定するわけではない。規則は他のもろもろの要素とともに行為者によって解釈されることではじめて感情形成にかかわる。そのような人びとがおこなう感情形成の営み，とくに感情の種類や程度を変化させようとする試みを，ホックシールドは感情管理と呼んでいる」（p.30）。
(10)　バリ島では，女性は宿泊施設や店舗における労働に就くことができるが，ガイドや輸送に関わる労働には従事できない（Long and Kindon 1997）。また，イギリスでは，男性は運転手など輸送に関わる仕事が多いのに対して，女性はホテルのメイドなど宿泊関連の仕事が多いことや，女性は男性と比較した場合，パートタイムの仕事が多く，賃金が低いこと，さらには，女性が管理職につく比率は低く，

マネージャーの多くが男性であり，雇用者側が男女を特定しない場合，低賃金労働者として女性が雇用される傾向があり，教育やトレーニングは女性の地位向上には関わらない（Purcell 1997）。

⑾ フィリピンの場合，道に面したレストランでは，客を引き付けることができるという理由によって，女性がウェイトレスとして雇用される傾向があることが指摘されている（Chant 1997）。

⑿ たとえば，キプロス島北部では，ツーリズム関連の労働のなかでも，カジノなどの娯楽施設では外国人女性が雇用される傾向が指摘されている（Scott 1995）。エンターテイメント関連の仕事に就く女性は移動によって仕事に就くことが多いことから，女性の移動はツーリズムに関わる女性労働のひとつの特徴といえよう。

⒀ このような事例は，アイルランド，イギリス，スペイン，スリランカ，バルバドス，そしてメキシコにおいて見られる。

⒁ 消費者としてのツーリスト（ゲスト）とサービス提供者側（ホスト）の両者間に見られる相互作用について論じるスウェインは，ジェンダーを「文化的に構築されたアイデンティティのシステムとして，男らしさや女らしさというイデオロギーにおいて表現され，労働とレジャー活動，セクシュアリティ，そして男女間におけるパワーが互に作用することによって社会的に構築される関係性」（Swain 1995: 258-259）と定義する。彼女は，ジェンダーは文化的現象であり，ジェンダー関係の変化は文化変容を引き起こすことから，ホストとゲスト関係は，ジェンダー，階級，年齢，エスニシティ，人種，ナショナリティなどさまざまな特性に焦点を当てることによって分析できる，と述べる。ジェンダーをダイナミックな概念として捉える論者の考えかたについてはCukier et al. 1996: 249；Henderson 1994: 121；Swain 1995を参照。さらに，リッター（Richter 1995）は，ツーリズムにおけるジェンダーを人種と同様，ツーリズムの生産と消費における重要な要素として捉える立場から，社会によって異なるジェンダーや人種の捉えかたがツーリズム・プロダクトの形成に関わる，と指摘する。

⒂ それは，地域におけるジェンダーというシステムの境界からはみ出ることである。そのため，ルーマンが，ある境界を越えてしまうとシステム内では無視されていたものやことが重要な要素となり，システム内では実現不能であった関係が実現する（ルーマン 1990），と考えるような状況が作られることである。

⒃ ギリシャには，1995年現在において八つの女性共同組合があるという（Iakovidou and Turner 1995: 482）。

⒄ ツーリズムと地域の自律性との関わりに対する関心は，ヘリテージ・ツーリズムおよびエコツーリズムという形態に対する研究において見られる。石森は自律的観光についてつぎのように述べる（石森 2001: 11）。「地域社会の「自律性」を基盤にした内発的観光開発は，地域社会にとって，外部の企業やトラベル・エージェントによる規制や条件づけが少ないという意味で，「自律的観光（autonomous tourism)」の創出につながる試みとみなすことができる。それに対して，外発的観光開発は，地域社会にとって，外部企業やトラベル・エージェントの力によって観光のあり方が規制されたり，条件づけられるという意味で，「他律的観光 (heteronymous tourism)」をうみだす原因となっている」。

(18) 観光開発の規模がジェンダー関係に関わると考えるノリスとウォールは，つぎのような疑問を投げかける (Norris and Wall 1994: 65-70)。マス・ツーリズムに対応する大規模な観光開発は，地域に対して利益をもたらさないとして批判の対象とされてきた。そのため，＜オルタナティブ＞な観光開発として地域主導型が推奨されることによって，そのプラス面が多くの人々によってこれまで謳われてきた。しかしながら，はたしてジェンダーがこのような枠組みにおいて捉えられてよいのであろうか，と。そして，二人は文化的バリア，行政側のイニシアティブの欠如，さらには女性労働者間の組織的活動の欠如などによって，女性が地域における指導的役割を担うのを妨げられていることを指摘し，ツーリズムに関わる労働力の多くが女性であっても，それは女性の政治的な力への接近を意味するものではない，と述べる。

このような考え方は，「地域社会」対「外部の者」という構図に焦点が当てられてきた地域主導型の観光開発は必ずしも地域の女性にとって利益をもたらすものではなく，男性によって握られている意思決定権に対して女性のアクセスが制限されていることを示すものである。たとえば，バリ島でホームステイの運営に関わる女性は，日々の労働や運営を担当しているにもかかわらず，地域内の観光開発に対する意志決定に対する発言権がないという (Long and Kindon 1997)。さらに，小規模な家族経営の宿泊施設で働く女性にとっては，命令系統や勤務形態が明確にされている大規模な施設において雇用されたほうがよい場合が多いという。それは，労働生産が家父長制と結びついた小規模なビジネスにおいては，十分な待遇や報酬を得ることができずにいた人々が，たとえば大規模なホテルなどにおいては往々にしてよい条件のもとで働くことができるからである (Scott 1997: 61; Sinclair 1997b: 233)。＜オルタナティブ＞な観光開発に対するこのような問いかけは，地域主導型である規模が小さい開発＝＜オルタナティブ＞とはなりえないことを意味している。

(19) ツーリズムが地域社会にもたらす利益を得る住民が一部に偏った場合，たとえばアフリカ南部ボスワナのカラハリ砂漠では，ツーリズムによって収益を得るのは，外部の人間と接触経験のある，つまり多言語を話すことができる成人男性であるという (Hichcock and Brandenburgh 1990)。

(20) メイッシュ (Meisch 1995) は，男女各自が属する社会から持ち込まれるジェンダー・イデオロギーと役割に対する期待は互いに補完するとともに混在していることから，このような現象は家父長制でも，先進諸国による第三世界や第四世界の支配でもなく，ジェンダーや文化を横断したツーリズムにおける関係であると

いう。
(21)　グリーン・ツーリズムにおける民宿の女性労働について調査した後藤（後藤 2003: 32）は,「ホストである女性が,固定的な性別役割分担のもと家事・育児・介護労働との2重労働の重荷を背負いつつ世話している」状況に対してつぎのような疑問を投げかける。「民宿では,ホストとゲストのプライバシーが四六時中双方にみえやすいこともあり,ホストである女性が2重労働の重荷を背負五つ世話している姿をまのあたりにすることは,ゲストである都市住民にとって体験してみたい魅力あるライフスタイルには写らない。またゆとりある長期休暇の場にはなりにくい」。
(22)　Middleton（1989: 79）の分類によって示される四つのアトラクション（「自然アトラクション」,「人工的アトラクション」,「文化アトラクション」,「社会アトラクション」）のひとつ。

終　章
コミュニケーション・システムとしてのアトラクション

　ツーリストがいなければツーリズムは成立しない。そして，ツーリストに対応する人々がいなければツーリズムは成立しない。この二つの要素が，ツーリズムというシステムのサブシステムであるアトラクションにおいてどのように機能するのか。一時的な接触という社会関係によって成立するツーリズムという＜場＞がどのように維持されるかについて考えることは，その空間における秩序について考えることである。グローバルな現象としてのツーリズムは，レジャーを目的として移動するツーリストが，そのプロダクトの一部となるという特性をもつ。したがって，ツーリズム・プロダクトが生産されるプロセスを問うことは，社会的に構築されるツーリズムという＜場＞に織り込まれる諸要素の関係性をみることである。

　ツーリズムという活動を成立させるアトラクションは，地理的・物理的空間のみならず心的空間として，さまざまな要素間の関係性のなかでその境界が決定される。アトラクションが構築される空間および時間的境界は，ツーリストが自宅を出発してから，どのような対応を受けるのかによってその仕組みが異なる。ツーリストは異なるアトラクションを選択するが，アトラクションの呈示の「仕方」は個人や団体の区別など，ツーリストの旅行スタイルの違いに

よって異なる。そのため，アトラクションの類型化は，ツーリストの観光動機や固定化されたツーリスト経験の類型化を越えて，アトラクションを構成する諸要素の関係性に向けられる必要がある。諸要素の関係性に焦点を当てるということは，アトラクションというシステムがいかに機能するかそのメカニズムについて考えることである。

　インタラクションの及ぶ範囲によって異なるアトラクションというシステムについて考えるためには，その構造に注目する必要がある[1]。ツーリズムという活動をマクロ・レベル的に捉えた場合，ツーリズムはその制度的構造からそれぞれの設定を社会的コントロールの強弱によって分類することができる。たとえば，ヘリテージや国立公園などは歓楽街などに比べ，社会的コントロールが強い空間である。記号システムとしてマッカーネルによって示されたアトラクションの構造は，マーカーの介入が強いシステムとして，おもに観光産業を中心としたメディアによってコントロールされたシステムである。そして，そのシステムを機能させるのは，ツアーの行程に組み入れられるべき対象となる視覚専制の差異である。それは，予想通りの結果が達成されるという文化的実践が遂行された証として示されるツーリストの体験・経験が生産され，かつ消費されるプロセスである。

　アトラクションというシステムが機能し，かつその維持について考えるためには，アトラクションの類型によって異なる空間の境界や特定の時間によって異なる文化的コードの発生とその機能に対する検討が必要となる[2]。そこで重要なのが要素間のインタラクションである。アトラクションを構成する要素間のインタラクションが生じる状況を設定するプロセスは，その作用が及ぶ範囲をその作用が成立するための状況として定めることである。そこには，さまざまな設定によって異なる規則が存在する[3]。アトラクションは，ツーリズムという活動に付随する社会的，制度的そして経済的関係によってインタラクションが生じる秩序として表出するが[4]，それはツーリストの期待をかなえ，さらにはツーリストに対しても期待される行為を生じさせるためのコミュニケーション・システム[5]として機能する。そのシステムを生むためのプロ

終 章 コミュニケーション・システムとしてのアトラクション　161

セスから生み出されるのが「経験」というプロダクトである。ツーリズムという<場>において創出される経験は，資源とそれを中心にインタラクションが行われる空間における規則によって生産かつ再生産されるプロセスである。そして，「経験」というプロダクトを創出するツーリズムという活動をコミュニケーション・システムとして捉えることは，アトラクションというシステムの自己維持的な働きをみることである。

　アトラクションは，ツーリズムという活動が成立する<場>における資源となるばかりでなく社会関係をも含む。ツーリズムという<場>を定める枠組みを示すことは，規則と資源の関係性によって形成されるインタラクションの空間を定めることである。ツーリズムという活動をミクロ・レベル的に捉えた場合，その設定はホスト・ゲスト間のインタラクションを中心としてその境界を定めることができる。レジャー空間という境界は，物理的に閉ざされているだけでなく心理的にもその境界が定められることによって，レジャー経験の創出が期待される空間である。たとえば，ツーリスト用につくられ，サービス空間自体がアトラクションとなるようなレジャー施設（テーマパークやリゾート施設など）の場合，その空間は閉じられていることによって，ツーリストはどのような相手とインタラクションをおこなうべきかが定められている。そのような空間においては，経験がそのコンテクストにおいてのみ創造される特別なものである，という考えに基づくサービス・デザインが経験創出のための戦略としてみられる。ツーリズムという<場>では，ある状況においてはオーセンティックな場面設定が，他方では，より人工的な場面設定が設けられることによってアトラクションというシステムを機能させるそのツーリズム構造の違いが存在する。マッカーネルはオーセンティシティという概念を用いて，それを境界呈示のプロセスとして示した。ツーリストの体験は，アトラクションが存在する物理的境界によって特徴づけられる特定された空間だけではなく，時間的にも特別なコンテクストとして形成されるという特性をもつ。近年，マーケティングの分野において注目されている経験は，経済的価値を生む，つまり，消費者や使用者に届けられる商品やサービスはそのものが機能する，あるい

はそれに付随する労働価値以上の価値が存在するという考えかたに基づく[(6)][(7)]。ツーリズムにおいて，それは新たなプロダクトを生産する観光関連産業の文化として示される。

　ツーリズムという活動は，インタラクションを成立させるために必要な知識を関係性のなかで学ぶというプロセスを含む活動である。知識は人間の主体的な関与なしには獲得することができない。しかし，それは個人的なものではなく，あくまでも社会的なものであり，過去の経験が蓄積されたものである。それぞれのツーリストの経験は，各自が選択するレジャー空間が形成される条件と切り離すことはできない。そのため，ツーリストがレジャー空間において得る楽しみを創出する知識はアトラクションを中心としたツーリズム構造によってその社会的条件を反映したものとなる。「知識は，それが誰によって作られ，誰によって利用されるのか，などという点においてコントロールと密接に関わる。知識は個人の心のプロダクトではなく，異なる社会的な状況において起こる活動やインタラクションのなかで形成される。というのは，知識は物をみるための文化的に規定されたカテゴリーや制度的方法と結びついているからである。知識はユニバーサルなものというよりはローカルで社会文化的な特性を持ちダイナミックなものである」(Gupta and Vajic 2000: 41) [(8)][(9)]。

　そのような知識を習得するツーリストは，ブーアスティーンによって批判的に捉えられた，擬似事象を受け入れる「観光客」ではなく，創造的で批判的なパフォーマンスをも行う「ツーリスト」である。マッカーネルは，「ツーリスト」に対して特別な意味を与えた。彼が「ツーリスト」として示したのは，「観光客」でも「よそ者」でもない，知識と経験を求め，アトラクションに対して積極的な関わりを持とうとする近代に生きる人々である。彼は「ツーリスト」と「よそ者」とを区別した。彼は，ツーリストによる対象の見方はよそ者のそれを越えている，つまり，知識や経験を求めていると考えた。彼は，そのようなツーリストによる体験・経験を文化生産という概念によって示し，商品化という概念を広げた。しかしながら，マッカーネルが示すツーリストは，おもに観光産業および文化産業によって用意される仕組みのなかでのみ捉えられてい

た。

　マッカーネルは，文化体験としてのアトラクションを文化システムとして分析することによってアトラクションという記号価値を示した。ここで重要なのが，アトラクションというシステムを構成する要素間の関係性によって決められる価値であり，それが決定されるプロセスである。このような視点からツーリズムという活動が行われる「地域」という空間をみた場合，そこで生産されるツーリズム・プロダクトは，アトラクションが存在する地域のコードを中心として形成されることを特徴とする。

　ツーリズムという＜場＞では，それぞれ異なる規則がシステマチックに作用することによってツーリストの経験が創出されるが，その要素として本書では，オーセンティシティ，サステイナビリティ（持続性），インタープリテーション，ホスピタリティ，ジェンダーという概念を取り上げた。これらの概念は，ツーリズムという活動を成立させるために不可欠なアトラクションに対して創発的価値を付加し，絶えずその価値を変化させるダイナミズムを内包する。

　アトラクションの価値基準のひとつであるオーセンティシティは文化表象としてのアトラクションの構築およびその維持に密接に関わる。ツーリストの信頼を得るようなオーセンティシティを示すためには，そのプロセスにおいてオーセンティシティが強化されるような状況が用意されなければならない。たとえば，世界遺産のようなマーカーがあるアトラクションは，マッカーネルのいう「聖化」作用が強いことから，オーセンティシティが制度的につくられる枠組みが用意されている。そして，そのようなアトラクションの価値はそれぞれの専門的な知識として解説されることによって高められる。

　しかしながら，このように制度化されたアトラクションがない場合は，資源の価値を見つけ出す必要がある。そのひとつの例が，本書で示した＜環境アトラクション＞を中心とするツーリズム形態である。オルタナティブ・ツーリズム，あるいはツーリズム・オルタナティブズ（マス・ツーリズムのいくつかの代替方策）と呼ばれるツーリズムが成立する＜場＞は，資源の自己再生シス

テムが機能する空間である。＜オルタナティブ＞という設定を用意するためには，アトラクションの維持に対して信頼という価値を組み込む必要がある。そのための装置のひとつがインタープリテーションである。それは，＜オルタナティブ＞という空間（環境）における経験創出の仕掛けであり，資源に価値付与を行う活動であるとともに，資源に対する理解の「仕方」の呈示である。

アトラクションは，ツーリストに対応する人びと（受け入れ側）が存在することによって機能する。しかしながら，その受け入れ側の活動は必ずしも経済的活動であるとは限らない。それは，ツーリズムという活動によって経済的な利益を求めない地域住民もいるからである。たとえば「地域のぬくもり」がツーリストに対してどのように呈示（演出）されるのか，そのプロセスには，ツーリズムに対して，観光産業とは異なる「関わりかた」をする地域住民の立場の違いが存在する。このような「対応」について語る場合，一般的に観光産業において使用される「サービス」という表現は適切ではない。それは，たとえば，ツーリストと経済的関係が成立しない人々，たとえばボランティアによる対応を，サービス業において使用される「サービス」と同様に捉えるのは適切ではないからである。

住民による対応のなかには，地域の遺産（ヘリテージ）をいかにツーリストに呈示するか，という面も含まれる。住民がツーリストに地域のヘリテージを示すことは，地域社会が積極的にそのデモンストレーションに関わることであり，それはオーセンティシティの強化作用につながる。一方，まだ社会制度的に認められていないような知名度が低い遺産に対しては，訪問者のためにその場所のアイデンティティを示す必要が生じる。そのような場合，いかに遺産の意義をツーリストに伝えるかという点において，ツアーガイド（解説者）の役割は重要であるとともに，そのパフォーマンスは遺産のオーセンティシティを保証する。このようなアトラクションは，場所と関わりがなく，「聖化」する必要がないテーマパークなどに比べ，観光目的地となる特定の場所のアイデンティティと密接に関わる。それは，「場所性」あるいは「地域性」がアトラクションの要素となることによってアトラクションの価値呈示に強く作用するか

終　章　コミュニケーション・システムとしてのアトラクション　165

らである。このように示される価値は，「ここでなければ体験・経験することができない」という地域のアイデンティティを強めることにつながる。

　＜オルタナティブ＞という空間はツーリズムという活動の規模が小さい場合が多い。そのため，インタープリテーションは，ツーリストと「環境」とのインタラクションを生じさせるためのルールや規範を教授する装置として，対面的状況において機能する。インタープリテーションやガイドという活動は，そのサービスによって時空間を閉じる（舞台にツーリストを引き込む）ことである。インタープリテーションという実践は，専門家の知識がツーリストに伝わるプロセスが「環境」を維持するための活動であると同時に，その「仕方」をツーリストに伝える活動でもある。蓄積された知識はイメージとして形成されることによって＜環境アトラクション＞の価値を高める。

　インタープリテーションは資源に価値付与を行う活動である。地域はエコツーリズムやヘリテージ・ツーリズムなどの活動が成立するための重要な構成要素であるが，このようなツーリズム形態は，地域におけるツーリズムの生産と消費の新たな関係性に対するチャレンジ性を持つ。地域の価値を自ら明らかにするということは，詳細についてこだわるということであり，誰かにその価値を見つけてもらうのではなく，自分の方から見つけてもらうように自己呈示することである[10]。

　このようなツーリズム形態におけるアトラクションの形成に対しては，環境資源に対するステークホルダーという概念とともに，倫理コードが重要な意味を持つ。「倫理は個人および社会的モラルに関する経験をひとつにまとめるシステマテックな試みである」（Payne and Dimanche 1996: 998）。ツーリストが，たとえば地域におけるヘリテージや自然の体験を選択した場合，地域の価値に合った見方（ヘリテージや自然への接しかた，つまり，この地域はこうみてほしい，あるいはこの地域はここを大切にしているからこう行動してほしいなど）が呈示される。そのため，ツーリストはそれぞれの地域における行動の「仕方」を地域の規範として習得する必要がある[11][12]。そのため，＜オルタナティブ＞という空間において展開されるツーリズムにおいては，環境が維持さ

れる「仕方」を呈示する主体が他の要素に対して与える影響力が強くなる。

　オルタナティブ・ツーリズムは，アトラクションを増加させる。しかし，それは地理的・物理的な広がりのみを意味するのではない。マスに対する＜オルタナティブ＞は，「観光地化」あるいは「観光地の俗化」というモデルを意識することによって，その対極に位置するようなアトラクションを構成する。そのような空間においては，観光関連産業を中心として媒介された関係性とは異なる要素間の接合が行われる。つまり，それは，マス・ツーリズムの生産システムの単なる存続・維持ではなく，アトラクションを構成する要素間の接合の変化によって，マス・ツーリズムが＜オルタナティブ＞として変換されることである[13]。ツーリズム・システムの維持はアトラクションの維持につながる。＜オルタナティブ＞という空間は，その維持・発展のためにはだれが主体となるのかを問う空間として，マス・ツーリズムの設定に対するチャレンジ性を持つ。

　オルタナティブ・ツーリズムのチャレンジ性を問うためには，＜オルタナティブ＞というツーリズムの活動に付随するサービスを倫理という視点からみる必要がある。それは，ツーリズムが生態および地域社会に与えるインパクトや目的地に対して行われるマーケティングやツアー内容などが「正しいか・間違いか」，あるいは「受け入れられるか・受け入れられないか」など，サービスという社会的パフォーマンスを倫理的コードとの関わりにおいてみることである。たとえば，エコツアーに関わる事業体の枠組みを定めるコードは，プロダクトのレベルを市場における戦略として変化させることによって多くのツーリズム・プロダクトを環境関連プロダクトとして誕生させている。ツーリズムにおける生産と消費が新たな関係性を持つことは，新たなツーリズム・プロダクトが創出されることを意味する。

　文化は社会的に組織化される。文化の表象システムとして示されるツーリズム・プロダクトの形成プロセスを問うことは，社会的に構築されるツーリズムという＜場＞に織り込まれる諸要素の関係性をみることである。そこでは，アトラクションが社会的に構築されるプロセスにおける諸要素の相互関係がツー

終　章　コミュニケーション・システムとしてのアトラクション　167

リストの知識やイメージとして示されるが[14]，それは空間に対するイメージ，さらにはその価値イメージとして絶えず人々によって評価される対象となる。

　マス・ツーリズムと差異化されるヘリテージ・ツーリズムやエコツーリズムというツーリズム形態を選択するツーリストが「オーセンティック」な体験をすることができたかどうかは，ツーリストがその経験が本当に地域の価値を反映していると認識することができたかに拠る。ツーリズムという＜場＞における経験は，ツーリストによるものばかりではなく，ツーリストの経験を創りだす，つまり，ツーリストに対応する人々のそれをも含む。

　社会関係を含むツーリズムという＜場＞には，ツーリズムを成立させるために必要な位相の異なる経験が存在する。そのような異なる経験は，地域主導型といわれるオルタナティブ・ツーリズムのシステムをも問い直す。そのひとつの視点がジェンダーである。「性別」ではなく，「性別秩序」を示す概念であるジェンダーは，地域における社会関係を描き出すことによって，観光サービス／ホスピタリティ空間に「性別秩序」がどのように組み込まれるかを定める。小さな規模をその特徴とする地域における観光サービス／ホスピタリティ空間における対面的状況は，「性別秩序」を成立させる地域のジェンダー・システムと密接な関わりをもつ。この空間において創出されるインタラクションは，地域に新たな価値を与えることによって，地域におけるツーリズム・システムとジェンダー・システムという二つのシステムを構成する要素の接合を変換させるとともに，地域におけるツーリズム・プロダクトの生産プロセスを変換させる可能性を持つ。それは，ジェンダーコードという規範と観光サービス労働という資源の関係性によって定められるインタラクションの空間が，ツーリストの新たな経験を創出する＜場＞となることを示す。

　ツーリズムは＜場＞の社会学である。その＜場＞とは，人々がレジャーを目的として移動することによって生じる社会的および物理的環境であり，知識が構造化されシステムとして利用されることによってツーリズムという活動が成立する環境である。そして，それはコミュニケーション・システムとして文化

コードを変換させる＜場＞でもある。ツーリズムが生産・消費されるプロセスは多様である。ツーリズムは，その活動を成立させるために必要なさまざまな要素が互いに接合するその仕方が社会的イメージの形成と密接に結びつくことによって文化変容を引き起こすための＜場＞となる。

＜注＞
(1) システム構造はシステム境界を定義するとともに，システムの存続を規定していると考えるルーマンは，行為が始動したり，行為が再生産されうるためのあらかじめ満たされなければならない諸条件として，たとえばそれにふさわしい場面，コミュニケーション手段，「取り扱われる」対象，動機づけの用意などを挙げる（ルーマン 1993: 321-322）。
(2) 「コード化するとは，具体的な形に仕上げる（形式化する）ことであると同時に，形を整える（言動に気を配る）ことでもある」とブルデューはいう（ブルデュー 1991: 127）。「コード化は規律ならびに実践の規格化と密接に連帯する」と述べるブルデューは，コード化を「象徴の整理作業」あるいは「象徴秩序の維持作業」と呼び，「コード化は最小限のコミュニケーションを保障する」（p.130）と考える。
(3) ギデンズは，規則は実践を生みだすものであるが，規則を知っているとは，規則にかなってふるまうということであり，規則を定式化できるということではない，と考える。一方，ブルデューは，規則という語につきまとう曖昧さを指摘しつつ，規則に従う行為にかえて「戦略」という概念を打ちだしている。
(4) ギデンズは，つぎのように述べる（ギデンズ 1989: 226）。「社会的相互行為は，社会的出会いにおける経路の「連結」としてあるいはヘーガーストランドのいう「活動の束」として理解される。「活動の束」は，複数の個人の経路が一か所に集中する場所，たとえば建物や地理的単位など，一定の場所で発生する。これらの出会いは，行為者がほかの活動の束に参加しようとして時間的―空間的に移動するときに解体する」。
(5) ここでいう「コミュニケーション・システム」とは，ルーマンが社会システム一般を指すものとして捉えるコミュニケーション・システムである。ルーマンはコミュニケーションを構成要素と考えている。つまり，ルーマンのいうシステムとは，構成要素であるコミュニケーション自体がコミュニケーションを産出する自己組織的なシステムである。
(6) 金は「いままでの関係志向的マーケティングに対する論議では，関係と関係性を区別することなく論議されてきた。しかし，関係には良い関係や悪い関係のようにさまざまなタイプが存在し，この概念自体は中立的な概念である。しかし，関係性はマクロ的秩序としての場の維持や発展に貢献するポジティブな概念であ

(7) 近年, 関係性マーケティングがマーケティングという分野において注目されている。「関係性マーケティングでは, 信頼概念をより感情的な概念ととらえ, 「交換」あるいは効用モデルを超えた概念としてとらえている」という和田は, 「インタラクティブ・コミュニケーション行為」について, つぎのように述べる (和田 1998: 90)。「購買や消費のリピートを誘導するためには説得的コミュニケーション行為では不十分である。関係性マーケティングの世界では, 企業と顧客あるいは生活者との関係は長期継続的であり, 消費や購買のリピート化が重要であるという観点から, 説得的コミュニケーション行為を超えたコミュニケーション行為が必要である」。

(8) ボウディングは, 人が本当であると信じるという主観的な知識 (知恵) について述べるにあたり「イメージ」という用語を使用し, つぎのように述べている (ボウディング 1962)。「人や組織のイメージは「事実」についてのイメージだけでなく, 「価値」のイメージももっている (p.11)」。「イメージは個人的であると同時に, 公共的になりうる (p.18)」。

(9) 知識創造は, 空間の創造と密接に関わる。「ナレッジ・イネーブリング」という概念が知識創造を促進させる組織活動を示すものであると考えるフォン・クローらは, つぎのように述べる (フォン・クロー, 一條, 野中 2001)。「ナレッジ・イネーブリングとは, 組織または地理的な境界や文化の壁を越えて知識を共有し, 会話や人間関係を促進することである。さらに掘り下げれば, ナレッジ・イネーブリングは感情に基づく知識という新しい解釈に基づいている……」(p.5)。さらに, 知識のミクロ・コミュニティを, 組織内の小グループやメンバーの知識, 価値観, 目標についてお互いに共有する「場」であると捉える彼らは, 知識についてつぎのように表現している (p.10)。「知識は正当化された真なる信念である。個人は世界の観察に基づいて自己の信念が本物であることを正当化する。いいかえれば, あらゆる考え方は, ユニークな視点, 感受性, 過去の経験, あるいはこの三要素すべてに左右される。したがって, 個人が知識を創造する際には, 正当化された信念をもとに新しい状況を理解していくことになる。この定義に基づくと, 知識とは現実を作り上げることであって, 抽象的で普遍的な性質をもつ絶対的な真実でもなく, 概念規定でもない。知識創造は単なる事実の積み重ねではなく, 個々人のユニークな活動プロセスであり, 単にパッケージ化したり模倣したりできるものではない」。効果的な知識創造には知識創造の場作りが不可欠であると考える彼らは, 「イネーブリング・コンテクスト」を「人々が関係性を築き上げ, それを育む場として, さらに, その関係性の産物である」(p.84) と捉える。このように, 知識は状況に応じて変化すると考えるクローらは, 構造主義の立場から, 知識は「場」に埋め込まれており, 知識創造活動にはコンテクスト, つまり「知識を生み出す場」が不可欠であると考える。

⑽　たとえば，エコミュージアムは，住民の「記憶」という空間（テリトリー）が設定されることによってヘリテージが維持されるシステムである。

⑾　このような設定には，「ホスピタリティ」という概念が関わる。服部はつぎのように述べる（服部 1994）。「Hospitality は相互性が基盤であるから，お互いにふさわしい相互関係が成立するかいなかが大きな課題となるのである。もし，共同体外の余所者である客人がふさわしい相手でなければ当然快く迎え入れることができないことを意味するものである」(p.78)。「創造的価値の概念として捉えられるホスピタリティは，その幅広い許容性ゆえに，提供する側と受ける側にある一定の水準が育成されていることを前提とすることから，ホスピタリティを扱うためには，言語習得のように教育の必然性がある」(p.160)。

⑿　近年におけるインターネットの普及は，観光関連産業による仲介という役割を小さくし，サービスを提供する側とされる側との関係性を大きく変化させる現象を引き起こしている。

⒀　マス・ツーリズムというシステムが存在することによって，たとえば，「バックヤードツアー」（路地裏ツアーのような住民とのふれあいを重視するツアー）が成立するが，それは，マス・ツーリズムにはそのような設定は無いものであるという前提があって成り立つものである。

⒁　『経験の政治学』のなかで，レインは，経験とはそれ自体秩序と自然なシークエンスをもつものとして，つぎのように述べる（レイン 1973: 20）。「人間は空間という媒体を通して相互に関係する。経験—行動システム（人類）行動は経験の函数である。そして経験も行動もともにつねに自分以外の他者ないしは他物との関係のなかにある。2人（以上）の人間が関係するとき，それぞれが他者に対する行動は，互いの他者についての経験によって仲介されている。そして互いの経験は互いの行動によって仲介されている」。

<参考・引用文献>

Adkins, Lisa
　1995 *Gender Work: Sexuality, Family and the Labour Market.* Buckingham: Open University Press.

Aldridge, D.
　1989 How the Ship of Interpretation was Blown Off Course in the Tempest: Some Philosophical Thoughts. In Uzzell, D. ed. *Heritage Interpretation* Volume 1: *The Natural & Built Environment.* London: Belhaven Press.

Alley, K. D.
　1992 Heritage Conservation and Urban Development in India. *Practicing Anthropology* 14 (2): 23-26.

Altman, Yochanan
　1995 A theme park in a cultural straitjacket: the case of Disneyland Paris, France. *Managing Leisure* 1: 43-56.

Appadurai, A.
　1986 Introduction: Commodities and the Politics of Value. In Appadurai, A. ed. *The Social Life of Things: Commodities in Cultural Perspective.* Cambridge: Cambridge University Press.

荒川正彦
　1995「文化のオーセンティシティと国立公園の成立―観光現象を対象とした人文地理学研究の課題」地理学評論 68A (12): 792-810.

Ayala, H.
　1996 Resort Ecotourism: A Paradigm for the 21st Century. *Cornell Hotel and Restaurant Administration Quarterly* 37 (5): 46-53.

Bitner, Mary Jo.
　1992 Servicescapes: The Impact of Physical Surroundings on Customers and Employees. *Journal of Marketing* 56（April）: 57-71.

Blamey, R. K.
　1997 Ecotourism: The Search for an Operational Definition. *Journal of Sustainable Tourism* 5 (2): 109-130.

Boorstin, Daniel J.
　1987 *The Image: A Guide to Pseudo-Events in America*（25th anniversary ed.), New York: Vintage Books, A Division of Random House.（邦訳＝星野郁美・後藤和彦共訳『幻影の時代―マスコミが製造する事実』東京創元社, 1964年）

ボウディング, K.E.
　1962 大川信明訳『ザ・イメージ―生活の知恵・社会の知恵』誠信書房。

Bouquet, Mary
　1987 Bed, Breakfast and an Evening Meal: Commensality in the Nineteenth and Twentieth Century Farm Household in Hartland. In Mary Bouguet and Michael Winter eds. *Who From Their Labours Rest?: Conflict and Practice in Rural Tourism.* Hants: Avebury.

ブルデュー, P.
　1991 石崎晴己訳『構造と実践　ブルデュー自身によるブルデュー』藤原書店。

Britton, S.
　1991 Tourism, Capital, and Place: Towards a Critical Geography of Tourism. *Environment and Planning D: Society and Space* 9: 451−478.

Bruner, Edward M.
　1994 Abraham Lincoln as Authentic Reproduction: A Critique of Postmodernism. *American Anthropologist* 96 (2): 397−415.

Buck, R.
　1978 From Work to Play: Some Observation on a Popular Nostalgic Theme. *Journal of American Culture* 1 (3): 543−553.

Buswell, John
　1993 Introduction. In Buswell, J. ed. *Case Studies in Leisure Management Practice.* Longman.

Campbell, L. M.
　1999 Ecotourism in Rural Developing Communities. *Annals of Tourism Research* 26: 534−553.

Castelberg−Koulma, M.
　1991 Greek Women and Tourism: Women's Co−Operatives as an Alternative Form of Organization. In Redclift, N. and M.T. Sinclair eds. *Working Women: International Perspectives on Labour and Gender Ideology.* New York: Routledge.

Cater, Erlet
　1994 Introduction. In Cater, Erlet and Gwen Lowman eds. *Ecotourism: A Sustainable Option?* Chichester: John Wiley & Sons.

Carroll, Archie B.
　1989 *Business & Society: Ethics and Stakeholder Management* (2nd Edition). Cincinnati: South−Western Publishing Co.

Ceballos−Lascurain, H.
　1996 *Tourism, Ecotourism, and Protected Areas.* International Union for Conservation of Nature and Natural Resources.

Chaney, D.

1993 *Fictions of Collective Life: Public Drama in Late Modern Culture.* London/ New York: Routledge.

Chant, S.
  1997 Gender and Tourism Employment in Mexico and the Philippines. In Sinclair M.T. ed. *Gender, Work & Tourism.* London and New York: Routledge.

Cohen, C. B.
  1995 Marketing Paradise, Making Nation. *Annals of Tourism Research* 22 (2): 404 -421.

Cohen, E.
  1972 Toward a Sociology of International Tourism. *Social Research* 39: 164-182.
  1974 Who is a Tourist?: A Conceptual Clarification. *The Sociological Review* 22 (4): 527-555.
  1979a The Impact of Tourism on the Hill Tribes of Northern Thailand. Internationales Asienforum 10 (1-2): 5-38.
  1979b A Phenomenology of Tourist Experiences. *Sociology* 13 (2): 179-201.
  1979c Rethinking the Sociology of Tourism. *Annals of Tourism* Research 6: 18-35.
  1985a Tourism as Play. *Religion* 15: 291-304.
  1985b The Tourist Guide: The Origins, Structure and Dynamics of a Role. *Annals of Tourism Research* 12: 5-29.
  1988a Traditions in the Qualitative Sociology of Tourism, *Annals of Tourism Research* 15: 29-46.
  1988b Authenticity and Commoditization in Tourism, *Annals of Tourism Research* 15: 371-386.
  1995 Contemporary Tourism-Trends and Challenges: Sustainable Authenticity or Contrived Post-Modernity? In Butler, R. and D. Pearce eds. *Change in Tourism: People, Places, Processes.* Routledge.

Cone, C. A.
  1995 Crafting Selves: The lives of Two Mayan Women. *Annals of Tourism Research* 22: 314-27.

Craig, B.
  1989 Interpreting the Historic Scene: The Power of Imagination in Creating a Sense of Historic Place. In Uzzell, D. ed. *Heritage Interpretation* Volume 1: *The Natural & Built Environment.* London: Belhaven Press.

Crik, M.
  1989 Representations of International Tourism in the Social Sciences: Sun, Sex, Sights, Savings, and Servility. *Annual Review of Anthropology* 18: 307-344.

Cukier, J. and G. Wall
  1994 Informal Tourism Employment: Vendors in Bali, Indonesia. *Tourism Management* 15 (6): 464–476.
  1995 Tourism Employment in Bali: A Gender Analysis. *Tourism Economics* 1 (4): 389–401.
Cukier, J. et al.
  1996 The Involvement of Women in the Tourism Industry of Bali, Indonesia. *The Journal of Development Studies* 33 (2): 248–270.
Cukier–Snow, J. and G. Wall
  1993 Tourism Employment: Perspectives from Bali. *Tourism Management* 14 (3): 195–201.
Culler, Jonathan
  1981 Semiotics of Tourism. *American Journal of Semiotics* 1 (2): 127–140.
Czepiel, J.A. Solomon, M.R. and C.F. Surprenant
  1985 *The Service Encounter: Managing Employee/Customer Interaction in Service Business*. Massachusetts/Toronto: Lexington Books.
Dahles, Heidi
  2002 The Politics of Tour Guiding: Image Management in Indonesia. *Annals of Tourism Research* 29: 783–800.
Davidson, Thomas L.
  1994 What are travel and tourism: Are they really an industry? In Theobald, W. F. ed. *Global Tourism*. Oxford: Butterworth Heinemann.
Davis, G. S.
  1997 *Spectacular Nature: Corporate Culture and the Sea World Experience*. Berkeley: University of California Press.
Dearden, P. and S. Harron
  1994 Alternative Tourism and Adaptive Change. *Annals of Tourism Research* 21: 81–102.
Drummond, S. and I. Yeoman eds.
  2001 *Quality Issues in Heritage Visitor Attractions*. Oxford: Butterworth–Einemann.
Edensor, T.
  2000 Staging Tourism: Tourists as Performers. *Annals of Tourism Research* 27: 322–344.
Fairbairn–Dunlop, P.
  1994 Gender, Culture and Tourism Development in Western Samoa. In Kinnaird V. and D. Hall eds. *Tourism: A Gender Analysis*. Chichester: John Wiley

and Sons.
Fennell, D.A
　1998 Ecotourism in Canada. *Annals of Tourism Research* 25: 231-234.
Fennel D. A. and D. C. Malloy
　1999 Measuring the Ethical Nature of Tourism Operators. *Annals of Tourism Reseach* 26: 928-943.
Fine, E. C. and J. H. Speer
　1985 Tour Guide Performances as Sight Sacralization. *Annals of Tourism Research* 12: 73-95.
福田珠己
　1996「赤瓦は何を語るのか―沖縄県八重山諸島竹富島における町並み保存運動―」『地理学評論』69 (7): 727-743。
Garcia-Ramon, M.D. *et al.*
　1995 Farm Tourism, Gender and the Environment in Spain. *Annals of Tourism Research* 22: 267-282.
Gets, Donald
　1994 Event Tourism and the Authenticity Dilemma. In Theobald, W. F. ed. *Global Tourism*. Oxford: Butterworth Heinemann.
ギデンズ，アンソニー
　1987 松尾精文・藤井達也・小幡正敏訳『社会学の新しい方法基準』而立書房。
　1986 宮島喬他訳『社会理論の現代像』みすず書房。
　1989 友枝敏雄・今田高隆・森重雄訳『社会理論の最前線』ハーベスト社。
Giddens, Anthony
　1984 *Constitution of Society*. Cambridge/Oxford: Polity Press.
　1990 The Consequences of Modernity. Polity Press（邦訳＝1993 松尾精文・小幡正敏訳『近代とはいかなる時代か？』而立書房）.
Goffman, E.
　1959 *The Presentation of Self in Everyday Life*. Penguin.
　1974 *Frame Analysis: An Essay on the Organization of Experience*. New York: Harper & Row Publishers.
Goldberg, A.
　1983 Identity and Experience in Haitian Voodoo Shows. *Annals of Tourism Research* 10: 479-495.
後藤澄江
　2003「農山漁村におけるグリーン・ツーリズム ジェンダー，エンパワーメント，パートナーシップの視点」石森秀三・安福恵美子編『観光とジェンダー』国立民族学博物館調査報告 37: 23-34。

Gottdiener, M.
　1997 *The Theming of America: Dreams, Visions, and Commercial Spaces.* Oxford: Westview Press.
Gottlieb, A.
　1982 American Vacations. *Annals of Tourism Research* 10: 479–495.
Graefe, A. R. and J. J. Vaske
　1987 A Framework for Managing Quality in the Tourist Experience. *Annals of Tourism Research* 14: 390–404.
Gunn, Clare A.
　1980 Amendment To Leiper: The Framework of Tourism. *Annals of Tourism Research* 7: 253–254.
　1988 *Tourism Planning* (2nd ed.). New York: Taylor and Francis.
Gupta, S. and M. Vajic
　2000 The Contextual and Dialectical Nature of Experiences In Fitzsimmons, J. A and M. J. Fitzsimmons eds. *New Service Development, Creating Memorable Experiences.* Sage Publications.
Hall, C. M.
　1994 Ecotourism in Australia, New Zealand and the South Pacific: Appropriate Tourism or a New Form of Ecological Imperialism? In Cater, E. and G. Lowman ed. *Ecotourism: A Sustainable Option?* Chichester: John Wiley & Sons.
Hall, C. M. and S. McArthur
　1996 *Heritage Management in Australia and New Zealand.* Melbourne: Oxford University Press.
Hall, C. M. *et. al.*
　1993 The Implication of Maori Perspectives for the Management and Promotion of Heritage Tourism in New Zealand. *GeoJournal* 29 (3): 315–322.
Hall, C. M. and and Zeppel, H.
　1990 Cultural and Heritage Tourism: The New Grand Tour? *Historic Environment* 7 (3–4): 86–98.
Hall, S. ed.
　1997 Introduction. In Hall, S. ed. *Representation: Cultural Representation and Signifying Practices,* London: Sage Publications/The Open University.
Ham, S. H.
　1992 *Environmental Interpretation: A Practical Guide for People with Big Ideas and Small Budgets.* Golden: North American Press.
Hamilton–Smith, Elery

1991 The Construction of Leisure In Driver, B. L., Brown, Perry J. and Peterson, George L. eds. *Benefits of Leisure*. Pennsylvania: Venture Publishing, Inc.

Hannigan, J.
　1998 *Fantasy City*. London & New York: Routledge.

橋本佳恵
　1999「観光案内書の写真情報に見られるジェンダー表現に関する研究」『立教観光学研究紀要』1: 25-32。

服部勝人
　1994『新概念としてのホスピタリティ・マネジメント―ポスト・サービス社会の指標』学術選書。

Henderson, K.A
　1994 Perspectives on Analyzing Gender. Women, Gender and Leisure. *Journal of Leisure Research* 26 (2)119-137.

Hitchcock, R. and R. L. Brandenburgh
　1990 Tourism, Conservation, and Culture in the Kalahari Desert, Botswana, *Cultural Survival Quarterly* 14 (2): 20-24.

Hjalager, A.-M.
　1994 Dynamic Innovation in the Tourism Industry. In Cooper, C. P. and A. Lockwood eds. *Progress in Tourism, Recreation and Hospitality Management* Vol.6. Chichester: John Wiley & Sons.
　1996 Tourism and the Environment: The Innovation Connection. *Journal of Sustainable Tourism* 4 (4): 201-218.

Hochschild, A. R.
　1983 *The Managed Heart: Commercialization of Human Feeling*. University of California Press.

Hultsman, John
　1995 Just Tourism: An Ethical Framework. *Annals of Tourism Research* 22: 553-567.

市川聡
　1995「屋久島におけるエコツアーの現状と課題」『国立公園』530: 24。

今田高俊
　1986『自己組織性』創文社。

Iakovidou, O. and C. Turner
　1995 The Female Gender in Greek Agrotourism. *Annals of Tourism Research* 22: 481-484.

Ireland, M.
　1993 Gender and Class Relations in Tourism Employment. *Annals of Tourism*

Research 20: 666-684.
今井賢一・金子郁容
　1988『ネットワーク組織論』岩波書店。
石田佐恵子
　1998『有名性という文化装置』勁草書房。
石森秀三
　1993「国際観光学アカデミー　―観光研究の最近の動向―」『民博通信』47: 70-86.
　2001「内発的観光開発と自律的観光」石森秀三・西山徳明編『ヘリテージ・ツーリズムの総合的研究』国立民族学博物館調査報告 21: 5-19。
石森秀三・安福恵美子編
　2003『観光とジェンダー』国立民族学博物館調査報告 37 号。
伊丹敬之
　1992「場のマネジメント序説」『組織科学』26 (1): 78-88。
　1999『場のマネジメント　経営の新パラダイム』NTT 出版。
James, Nicky
　1989 Emotional Labour: Skill and Work in the Social Regulation of Feelings. *The Sociological Review*. 37: 15-42.
片桐雅隆
　1996「フィクション論から見た自己と相互行為」磯辺卓三・片桐雅隆編『フィクションとしての社会』世界思想社。
金顯哲
　1998「関係性の実践メカニズム」嶋口充輝他編『マーケティング革新の時代①顧客創造』有斐閣 。
Kinnaird, V. and D. Hall eds.
　1994 *Tourism: A Gender Analysis.* Chichester: John Wiley and Sons.
Kinnaird, V. *et al.*
　1994 Tourism: Gender Perspectives. In Kinnaird V. and D. Hall eds. *Tourism: A Gender Analysis*. Chichester: John Wiley and Sons.
貴多野乃武次
　2000a『ファンタジー・シティ　ラスベガス七つの法則』APS。
　2000b「集客のためのオルタナティブ・マーケティング」石原照敏・吉兼秀夫・安福恵美子編『新しい観光と地域社会』古今書院。
小林孝雄
　2004「コミュニケーション・システムとしてのマスメディア」松本和良他編『シンボルとコミュニケーションの社会学』恒星社厚生閣。
河野靖

1995「文化遺産の保存と国際協力」石澤良昭編『文化遺産の保存と環境』(講座 [文明と環境] 12) 朝倉書店。

Kotler, P.
　　1984 *Marketing Management: Analysis, Planning, and Control* (5th edition). New York: Prentice-Hall.

Kousis, Maria
　　1989 Tourism and the Family in a Rural Cretan Community. *Annals of Tourism Research* 16: 318-32.

Kuenz, J.
　　1993 It's a Small World after All: Disney and the Pleasures of Identification. *The South Atlantic Quarterly* 92 (1): 63-88.

栗山浩一他編著
　　2000『世界遺産の経済学　屋久島の環境価値とその評価』勁草書房。

Lanfant, M. *et al.* eds.
　　1995 *International Tourism: Identity and Change.* London: SAGE Publications.

Lanfant, M. and N. Graburn
　　1992 International Tourism Reconsidered: The Principle of the Alternative. In Smith, V. L. and W. R. Eadington eds. *Tourism Alternatives.* Philadelphia: University of Pennsylvania Press.

Leask Anna and Ian Yeoman eds.
　　1999 *Heritage Visitor Attractions: An Operations Management Perspective.* New York: Cassell.

Leiper, Neil
　　1979 The Framework of Tourism: Towards a Definition of Tourism, Tourist, and the Tourist Industry. *Annals of Tourism Research* 6: 390-407.
　　1990 Tourist Attractions Systems. *Annals of Tourism Research* 17: 367-384.

ルフェーヴル, アンリ
　　2000 斉藤日出治訳『空間の生産』青木書店。

Leong, W.
　　1989a The Culture of the State: National Tourism and the State Manufacture of Cultures. *In Raboy,* M. and P. A. Bruck eds.*Communication for and against Democracy.* Montreal-New York: Black Rose Books.
　　1989b Culture and the State: Manufacturing Traditions for Tourism. *Critical Studies in Mass Communication* 6: 355-375.
　　1997 Commodifying Ethnicity: State and Ethnic Tourism in Singapore. *In* Picard, M. and R. E. Wood eds.*Tourism, Ethnicity, and the State in Asian and Pacific Societies.* Honolulu: University of Hawai'i Press.

Leontidou, L.
  1994 Gender Dimensions of Tourism in Greece: Employment, Sub-Cultures, and Restructuring. In Kinnaird V. and D. Hall, eds. *Tourism: A Gender Analysis*. Chichester: John Wiley and Sons.

Lever, Alison
  1987 Spanish Tourism Migrants: The Case of Lloret de Mar. *Annals of Touirsm Research* 14: 449-470.

Levy, D. E. and P. B. Lerch
  1991 Tourism as a Factor in Development: Implications for Gender and Work in Barbados. *Gender & Society* 5 (1): 67-85.

Lew, A. A.
  1996 Adventure Travel and Ecotourism in Asia. *Annals of Tourism Research* 23 (3): 723-725.

Light, D.
  1987 Interpretation at Historic Building, *Swansea Geographer* 26: 34-43.
  1991 The Development of Heritage Interpretation in Britain. *Swansea Geographer* 28: 1-13.
  1992 Notes on Evaluating the Effectiveness of Interpretation. *Swansea Geographer* 29: 99-108.
  1995 Heritage as Informal Education. In Herbert, D.T. ed. *Heritage, Tourism and Society*. London: Pinter.

Litzer, G. and A. Liska
  1997 'Mcdisneyization' and 'post-tourism': Complementary Perspectives on Contemporary Tourism. In Rojek, C. and J. Urry eds. *Touring Cultures: Transformations of Travel and Theory*. London and New York: Routledge.

Logan, W. S.
  1995 Heritage Planning in Post-Doi Moi Hanoi: The National and International Contributions. *Journal of American Planning Association* 61 (83): 328-343.

Long, V. H. and S. L. Kindon
  1997 Gender and Tourism Development in Balinese Village. In Sinclair M.T. ed. *Gender, Work & Tourism*. London and New York: Routledge.

MacCannell, Dean
  1973 Staged Authenticity: Arrangements of Social Space in Tourist Settings. *American Journal of Sociology* 79 (3): 589-603.
  1976/1989 *The Tourist: A New Theory of the Leisure Class*. New York: Schocken Books. (1999 Berkeley: University of California Press.)
  1992 *Empty Meeting Grounds: The Tourist Papers*. London: Routledge.

Malmberg, M.
  1998 *The Making of Disney's Animal Kingdom Theme Park*. New York: Hyperion.
Mars, Gerald & Michael Nicod
  1984 *The World of Waiters*. London: George Allen & Unwin.
松本毅
  1998「屋久島のエコツーリズムの現状」『観光地づくりの実践Ⅰ』日本観光協会。
McArthur, S. and C. M. Hall
  1996 Interpretation: Principle and Practice. In Hall, C. M. and S. McArthur eds. *Heritage Management in Australia and New Zealand*(2nd edition). Melbourne: Oxford University Press.
McIntosh, R. W., Goeldner, C. R. and J. R. B. Ritchie
  1995 *Tourism: Principles, Practices, Philosophies*. New York: John Wiley & Sons, Inc.
Meisch, L. A.
  1995 Gringas and Otavalenos: Changing Tourist Relations. *Annals of Tourism Research* 22: 441-462.
Middleton, V.
  1988 *Marketing in Travel and Tourism*. Oxford: Butterworth Heinemann.
  1989 Tourist Product. In Witt, S. and L. Moutinho eds. *Tourism Marketing and Management Handbook*.
宮島喬編著
  1995『文化の社会学――実践と再生産のメカニズム』有信堂高文社。
  2000「総論 現代の文化研究の課題」『講座社会学 7 文化』東京大学出版会。
宮本孝二
  1998『ギデンズの社会理論 その全体像と可能性』八千代出版。
Momsen, J. H.
  1994 Tourism, Gender and Development in the Caribbean. In Kinnaird V. and D. Hall eds. *Tourism: A Gender Analysis*. Chichester: John Wiley and Sons.
森田真也
  1997「観光と『伝統文化』の意識化――沖縄県竹富島の事例から――」『日本民族学』209: 33-65.
Munt, Ian
  1994 The 'Other' Postmodern Tourism: Culture, Travel and the New Middle Classes. *Theory, Culture & Society* 11: 101-123.
Murphy, Peter E.
  1985 *Tourism: A Community Approach*. New York/London: Methuen.
中島成久

1998『屋久島の環境民俗学』明石書店。
Nettekoven, L.
 1979 Mechanisms of Intercultural Interaction, In De Kadt, E. ed. *Tourism: Passport to Development?* New York: Oxford University Press,
日本エコミュージアム研究会編（荒井重三代表編集）
 1997『エコミュージアム・理念と活動—世界と日本の最新事例集—』牧野出版。
日本環境教育フォーラム監訳・解説
 1994『インタープリテーション入門—自然解説技術ハンドブック』小学館。
Norris, J. and G. Wall
 1994 Gender and Tourism. In Cooper C. P. and A. Lockwood eds. *Progress in Tourism, Recreation and Hospitality Management.*（Volume 6）Chichester: John Wiley and Sons.
Norris, R.
 1992 Can Ecotourism Save Natural Areas? *National Parks* 66（January/February）: 30 – 34.
能登路雅子
 1990『ディズニーランドという聖地』岩波新書。
Nuryanti, W.
 1996 Heritage and Postmodern Tourism. *Annals of Tourism Research* 23: 249 – 260.
Oakes, T. S.
 1993 The Cultural Space of Modernity: Ethnic Tourism and Place Identity in China. *Environmental and Planning D: Society and Space* 11: 47 – 66.
小川葉子
 2003「グローバライゼーションと文化のエージェンシー」正村俊之編著『情報化と文化変容』ミネルヴァ書房。
岡原正幸
 1997「感情自然主義の加速と変質」岡原正幸他編『感情の社会学　エモーション・コンシャスな時代』世界思想社。
Olwig, K.R.
 1989 Nature Interpretation: A Threat to the Countryside. In Uzzell, D. ed. *Heritage Interpretation* Volume 1: *The Natural & Built Environment.* London: Belhaven Press.
Oppermann, Martin
 1993 Tourism Space in Developing Countries. *Annals of Tourism Research* 20: 535 – 556.
Orams, M. B.

1995 Towards a More Desirable Form of Ecotourism. *Tourism Management* 16 (1): 3–8.
Payne, D. and F. Dimanche
   1996 Towards a Code of Conduct for the Tourism Industry: An Ethics Model. *Journal of Business Ethics* 15: 997–1007.
Pearce, D.
   1992 *Tourist Organizations*. New York: Wiley.
Pearce, Philip. L.
   1988 *The Ulysses Factor: Evaluating Visitors in Tourist Settings*. New York: Springer–Verlag.
Pearce, P. and G. Moscardo
   1986 The Concept of Authenticity in Tourist Experiences. *Australian and New Zealand Journal of Sociology* 22 (1): 121–132.
Peleggi, M.
   1996 National Heritage and Global Tourism in Thailand. *Annals of Tourism Research* 23: 432–448.
Picard, M.
   1993 'Cultural tourism' in Bali: National Integration and Regional Differentiation. *In* Hitchcock, M. *et al.* eds. *Tourism in South: East Asia*. London: Routlege.
   1995 Cultural Heritage and Tourist Capital: Cultural Tourism in Bali. *In* Lanfant, M. *et al.* eds. *International Tourism: Identity and Change*. London: SAGE Publications.
   1997 Cultural Tourism, National Building, and Regional Culture: The Making of a Balinese Identity. *In* Picard, M. and R. E. Wood eds. *Tourism, Ethnicity, and the State in Asian and Pacific Societies*. Honolulu: University of Hawai'i Press.
Pine Ⅱ, B. J. and J. H. Gilmore
   1999 *The Experience Economy*. Boston: Harvard Business School Press. (邦訳＝電通「経験経済」研究会訳『経験経済』流通科学大学出版，2000年)
Pond, K. L.
   1993 The *Professional Guide: Dynamics of Tour Guiding*. New York: Van Nostrand Reinhold.
Prentice, R. and D. Light
   1994 Current Issues in Interpretative Provision at Heritage Sites. In Seaton, A.V. ed. *Tourism: The State of the Art*. Chichester: John Wiley & Sons.
Prosser, R.
   1994 Societal Change and the Growth in Alternative Tourism. In Cater, E. and G.

Lowman ed. *Ecotourism: A Sustainable Option?* Chichester: John Wiley & Sons.

Purcell, K.
1997 Women's Employment in UK Tourism: Gender Roles and Labour Markets. In Sinclair M.T. ed. *Gender, Work & Tourism*. London and New York: Routledge.

Richards, G.
1996 Production and Consumption of European Cultural Tourism. *Annals of Tourism Research* 23: 283.

Richter, L. K.
1995 Gender and Race: Neglected Variables in Tourism Research. *In* Butler, R. and D. Pearce eds. Change in Tourism: People, Places, Processes. London and New York: Routledge.

リッツア, G.
1999 正岡寛司監訳『マクドナルド化する社会』早稲田大学出版部。

Ritzer, G. and A. Liska
1997 'McDisneyization' and 'Post-Tourism': Complementary Perspectives on Contemporary Tourism. *In* Rojek, C. and J. Urry eds. *Touring Cultures: Transformations of Travel and Theory*. London/New York: Routledge.

Robertson, R.
1992 *Globalization: Social Theory and Global Culture*. London: SAGE Publications.

Robinson, M. and P. Boniface eds.
1999 *Tourism and Cultural Conflicts*. Oxon/New York: CABI Publishing.

Roche, M.
1996 Mega-events and Micro-modernization: On Sociology of the New Urban Tourism," *In* Apostolopoulos, Y. et al. eds. *Sociology of Tourism*. London: Routledge.

Ryan, Chris
1997 The Chase of a Dream, the End of a Play. In Ryan Chris ed. *The Tourist Experience: A New Introduction*. London/New York: Cassell.

Ryan, C. *et.al.*
2000 The Gaze, Spectacle and Ecotourism. *Annals of Tourism Research* 27: 148-163.

ルーマン, N.
1990 大庭健・正村俊之訳『信頼社会的な複雑性の縮減メカニズム』勁草書房。
1993 佐藤勉監訳『社会システム理論（上）』恒星社厚生閣。

レイン, R.D.
　1973 塚原嘉・塚本嘉壽共訳『経験の政治学』みすず書房。
Schmidt
　1979 The Guided Tour : Insulated Adventure. *Urban Life* 7 (4) : 441−467.
Schudson, Michael S.
　1979 Review Essay: On Tourism and Modern Culture. *American Journal of Sociology* 84 (5): 1249−1258.
Scott, J.
　1995 Sexual and National Boundaries in Tourism. *Annals of Tourism Research* 22: 385−403.
　1997 Changes and Choices: Women and Tourism in Northern Cyprus. In Sinclair M.T. ed. *Gender, Work & Tourism*. London and New York: Routledge.
社団法人日本旅行業協会
　1998『エコツーリズムハンドブック　エコツーリズム実践のためのガイド』。
Shaw, G. and A. M. Williams
　1994 *Critical Issues in Tourism: A Geographical Perspective*. Oxford: Blackwell.
Sheldon, P. J.
　1989 Professionalism in Tourism and Hospitality. *Annals of Tourism Research* 16: 492−503.
敷田麻美・森重昌之
　2003「持続可能なエコツーリズムを地域で創出するためのモデルに関する研究」『観光研究』15 (1): 1−10。
Sieber, R. Timothy
　1997 Urban Tourism in Revitalizing Downtowns: Conceptualizing Tourism in Boston, Massachusetts. In Chambers, E. ed. *Tourism and Culture: An Applied Perspective*. Albany: State University of New York Press.
Silpakit, P. and R. P. Fisk
　1985 "Participatizing" "The Service Encounter: A Theoretical Framework. In T. M. Bloch, G. D. Upah, and V. A. Zeithaml eds. *Services Marketing in a Changing Environment*.
Sinclair M. T.
　1997a Issues and Theories of Gender and Work in Tourism. In Sinclair M.T. ed. *Gender, Work & Tourism*. London and New York: Routledge.
　1997b Gendered Work in Tourism: Comparative Perspectives. In Sinclair M.T. ed. *Gender, Work & Tourism*. London and New York: Routledge.
Sinclair M. T. ed.
　1997 *Gender, Work & Tourism*. London and New York: Routledge.

Smith, S. L. J.
 1994 The Tourism Product. *Annals of Tourism Research* 21: 582–595.
Smith, V. L.
 1992 Boracay, Philippines: A Case Study in "Alternative" Tourism. In Smith V. L. and William R. Eadington eds. *Tourism Alternatives: Potentials and Problems in the Development of Tourism*. Philadelphia: University of Pennsylvania Press.
Smith, V. L ed.
 1989 *Hosts and Guests: The Anthropology of Tourism* (2nd edition). University of Pennsylvania Press.
Smith, Valene L. and William R. Eadington eds.
 1992 *Tourism Alternatives*. Philadelphia: University of Pennsylvania Press.
Stevens, Terry
 1993 Theme Parks. In Buswell, John ed. *Case Studies in Leisure Management Practice*. Longman.
Stewart, W. P. and S. Sekartjakrarini
 1994 Disentangling Ecotourism. *Annals of Tourism Research* 21: 840–841.
Swain, M. B.
 1993 Women Producers of Ethnic Arts. *Annals of Tourism Research* 20: 32–51.
 1995 Gender in Tourism. *Annals of Tourism Research* 22: 247–266.
Swarbrooke, John
 1995 *The Development and Management of Visitor Attractions*. Oxford: Butterworth-Heinemann
田川日出夫
 1994 『世界の自然遺産　屋久島』（NHK ブックス [686]）日本放送出版協会。
Taylor, John P.
 2001 Authenticity and Sincerity in Tourism. Annals of Tourism Research 28: 7–26.
Theobald, W. F. ed.
 1994 *Global Tourism*. Oxford: Butterworth Heinemann.
Tilden, F.
 1977 *Interpreting Our Heritage* (Third Edition). Chapel Hill: University of North Carolina Press.
富永健一
 1986 『社会学原理』岩波書店。
Tomlinson, J.
 1991 *Cultural Imperialism*. Baltimore: Johns Hopkins University Press.

Truong, T.
　1990 *Sex, Money and Morality: Prostitution and Tourism in Southeast Asia.* London and New Jersey: Zed Books.

鶴見和子
　1996『内発的発展論の展開』筑摩書房。

Urry, J.
　1988 Cultural Change and Contemporary Holiday−making. *Theory, Culture & Society* 5: 35−55.
　1990a The 'Consumption' of Tourism. *Sociology* 24 (1) 23−35.
　1990b *The Tourist Gaze: Leisure and Travel in Contemporary Societies,* London: Sage Publications.
　1991 The Sociology of Tourism. In Cooper, C. P. ed. *Progress in Tourism, Recreation and Hospitality Management*(Volume 3) London/New York: Belhaven Press.
　1992 The Tourist Gaze "Revisited". *American Behavioral Scientist* 36 (2): 172−186.
　1994 Cultural Change and Contemporary Tourism. *Leisure Studies* 13: 233−236.
　1995 *Consuming Places.* London/New York: Routledge.

Uzzell, D.
　1985 Management Issues in the Provision of Countryside Interpretation, *Leisure Studies* 4: 159−174.
　1988 The Interpretative *Experience*. In Canter, D. et al. eds. *Ethnoscapes*: Vol. 2, Environmental Policy, Assessment and Communication. Aldershot: Avebury.
　1998 Planning for Interpretive Experiences. In Uzzell, D. and R. Ballantyne eds. *Contemporary Issues in Heritage and Environmental Interpretation.* London: The Stationary Office.

Uzzell, D. ed.
　1989 *Heritage Interpretation* Volume 1: *The Natural & Built Environment.* London: Belhaven Press.

Van Maanen, J. and A. Laurent
　1993 The Flow of Culture: Some Notes on Globalization and the Multinational Corporation. In Ghoshal S. and D. E. Westney eds. *Organization Theory and the Multinational Corporation.* London: St. Martin's Press.

von Droste, B. *et. al.*
　1992 Tourism, World Heritage and Sustainable Development. *UNEP Industry and Environment* (July−December): 6−9.

フォン・クロー，ゲロルグ．一條和生，野中郁次郎
  2001『ナレッジ・イネーブリング』東洋経済新報社。
和田充夫
  1998『関係性マーケティングの構図』有斐閣。
若林幹夫
  2003「ディズニーランドとサイバー都市」正村俊之編著『情報化と文化変容』ミネルヴァ書房。
Wager, J.
  1995 Policy and Practice: Environmental Planning for a World Heritage Site: Case Study of Angkor, Cambodia," *Journal of Environmental Planning and Management* 38 (3): 419-434.
Wakefield, Kirk L. and Feffrey G. Blodgett
  1994 The Importance of Servicescapes in Leisure Service Settings. *Journal of Service Marketing* 8 (3): 66-76.
Wang, Ning
  1999 Rethinking Authenticity in Tourism Experience. *Annlas of Tourism Research* 26: 349-370.
Warde, Alan
  1990 Introduction to the Sociology of Consumption. *Sociology* 24 (1): 1-4.
Watson, G. Ievellyn L, and Joseh P. Kopachevsky
  1995 Interpretation of Tourism as Commodity. *Annals of Tourism Research* 21: 643-660.
Weaver, D.B.
  1999 Magnitude of Ecotourism in Costa Rica and Kenya. *Annals of Tourism Research* 26: 792-816.
Wight, P.
  1994 Environmentally Responsible Marketing of Tourism. In Cater, E. and G. Lowman eds. *Ecotourism: A Sustainable Option?* Chichester: John Wiley & Sons.
Wilson, A.
  1992 *The Culture of Nature:North American Landscape from Disney to the Exxon Valdez*. Cambridge MA & Oxford UK:Blackwall.
Wood, R.C.
  1994 Hotel Culture and Social Control. *Annals of Tourism Research* 21: 65-80.
安福恵美子
  1993「観光におけるオーセンティシティとは――観光社会学的研究動向――」『聖徳学園女子短期大学紀要』21: 91-115。

1997「観光と女性――研究の現状と動向――」『東横学園女子短期大学　女性文化研究所紀要』6: 37 - 53。

1998a「ツーリズムからみた文化の呈示――世界文化遺産「フエ遺跡」の「普遍的価値」をめぐって――」『阪南論集』(人文・自然科学編) 33 (4): 21 - 29。

1998b「マッカーネルの観光理論からみた世界遺産観光の構造分析」『観光研究』9 (2): 1 - 8。

1998c「ヘリテッジ・ツーリズムとオーセンティシティ――文化遺産の解釈をめぐって――」『阪南論集』(人文・自然科学編) 34 (1): 29 - 39。

2000a「文化表象としてのツーリズム――近代におけるアトラクションの社会的構築――」『ソシオロジ』44 (3): 93 - 107。

2000b「ヘリテージ・ツーリズムのダイナミックス：相互作用の場としてのヘリテージ」石森秀三・西山徳明編『ヘリテージ・ツーリズムの総合的研究』国立民族学博物館調査報告 21: 143 - 152。

2001「エコツーリズムという概念に対する一考察：マス・ツーリズムとの共生関係へ向けた視点から」石森秀三・真板昭夫編『エコツーリズムの総合的研究』国立民族学博物館報告 23: 101 - 109。

2003a「観光とジェンダーをめぐる諸問題」石森秀三・安福恵美子編『観光とジェンダー』国立民族学博物館調査報告 37: 7 - 21。

2003b「観光とコミュニケーション　――インタープリテーションの役割を中心として――」堀川紀年他編『国際観光学を学ぶ人のために』世界思想社。

吉兼秀夫

2000「エコミュージアムと地域社会」石原照敏・吉兼秀夫・安福恵美子編『新しい観光と地域社会』古今書院。

吉見俊哉

1992『博覧会の政治学』中公新書。

1998「グローバル化のなかの文化と権力――文化帝国主義批判を超えて――」『岩波講座　開発と文化 7 ――人間の未来と開発』岩波書店。

吉野耕作

1994「消費社会におけるエスニシティとナショナリズム――日本とイギリスの「文化産業」を中心に」『社会学評論』44 (4): 384 - 399。

1997『文化ナショナリズムの社会学』名古屋大学出版会。

Zukin, Sharon

1993 Landscapes of Power: From Detroit to Disney World. Berkeley and Los Angeles: University of California Press.

<資料>

『朝日新聞』
　1995（1995年12月6日）「「泊まれます」世界遺産登録へ」。
　1995（12月20日）「登山客が「一極集中」　長寿保つ窮余の一策　縄文杉に展望デッキ」。
　1998（4月14日，夕刊）「現地の技術使って文化財修復ベトナムの古都・フエの皇陵　日本と共同で研究・出資・作業」。
バックストン，H・バックストン美登利
　1998『エコツアー・完全ガイド』（地球の歩き方旅マニュアル264）ダイヤモンド・ビッグ社。
『岳人』
　1999月号。
鹿児島県
　1993『屋久島環境文化村　マスタープラン報告書概要版』鹿児島県。
国際観光振興会
　2002/2003『JNTO国際観光白書「世界と日本の国際観光交流の動向」』国際観光振興会。
インタープリテーション協会
　2000『第5回日米インタープリテーション研修会　エコツーリズムとインタープリテーション』（アメリカ国立公園局インタープリテーション研修会2000報告書）インタープリテーション協会。
　1996「第2回PRO NATURA　エコ・ツアースリランカ自然保護研修報告」（NACS-J資料集第38号）。
『毎日新聞』
　1999（9月10日）「オピニオンワイド「世界遺産」屋久島でし尿汚染，悪化の一途共存に甘え許されぬ」（記者の目）。
日本ユネスコ協会連盟
　1997『ユネスコ世界遺産1996』。
屋久島産業文化研究所
　1997『生命の島』No.42, 43。
　1998『生命の島』No.44。
小倉貞夫
　1997「フエ」『月刊しにか』（特集ベトナム小百科）89: 38-39。
The Vietnam National Commission for UNESCO
　1992 *Nonimation Form of Hue Monuments … Vietnam.*
World Tourism Organization & United Nations Environment Programme
　1992 *Guidelines: Development of National Parks and Protected Areas for Toursim.* World Tourism Organization & United Nations Environment Programme Joint Publication.
財団法人日本自然保護協会
　1991『世界遺産条約資料集』（財）日本自然保護協会資料集，第27号。

1994『NACS-Jエコツーリズム・ガイドライン』(財) 日本自然保護協会資料集
　　　　第35号。
財団法人自然環境研究センター
　　1996『山に十日・海に十日・野に十日　屋久島エコツーリズム・ガイドブック』財
　　　　団法人自然環境研究センター。
財団法人ユネスコ・アジア文化センター
　　1994『救おう！ベトナム・フエの文化遺産』(財) ユネスコ・アジア文化センター。
　　1997『アジア・太平洋地域文化視察団 VIETNAM　世界遺産フエと国際協力の旅
　　　　REPORT』(財)アジア・ユネスコ文化センター。

＜ビデオ＞

The Preservation Center of Hue Vestiges
　　1996 *Hue, The Ancient Capital: Prelude*

＜ホームページ＞

足助観光協会
　　http://www.mirai.ne.jp/~asuke/
オーストラリア　エコツーリズム協会
　　http://www.promarkj.com/fraser/austeco.html（1999.6.10））
世界観光機関（WTO）アジア太平洋センター
　　http://www.wto-osaka.org/0001.htm
The Division of Interpretive Planning, Herpers Ferry Center
　　1998 Planningfor Interpretation and Visitor Experience.
　　　　http://www.nps.gov/hfc/pdf/ip-ve.pdf
屋久島野外活動総合センター（YNAC）
　　http://www.ynac.com/
財団法人屋久島環境文化財団
　　http://www.yakushima.or.jp/

著 者 略 歴

安福　恵美子（やすふく　えみこ）
　　　　　金城学院大学大学院文学研究科社会学専攻修士課程修了
　　　　　（社会学修士）
現　職：静岡英和学院大学（人間社会学部）教授
主要著書：『新しい観光と地域社会』（共編著），古今書院，2000年。
　　　　　『国際観光学を学ぶ人のために』（共著），世界思想社，
　　　　　2003年。
　　　　　『観光とジェンダー』（共編著），国立民族学博物館調査
　　　　　報告37号，2003年。

ツーリズムと文化体験
〈場〉の価値とそのマネジメントをめぐって

発行日	2006年6月8日　初版発行	
	2007年4月3日　第2刷発行	
著　者	安　福　恵美子	
発行者	佐　伯　弘　治	
発行所	流通経済大学出版会	
	〒301-0844　茨城県龍ケ崎市120	
	電話　0297-64-0001　FAX　0297-64-0011	

©E.Yasufuku 2006　　　　　　　　　Printed in Japan／アベル社
ISBN4-947553-39-1 C3065 ¥2700E